U0540296

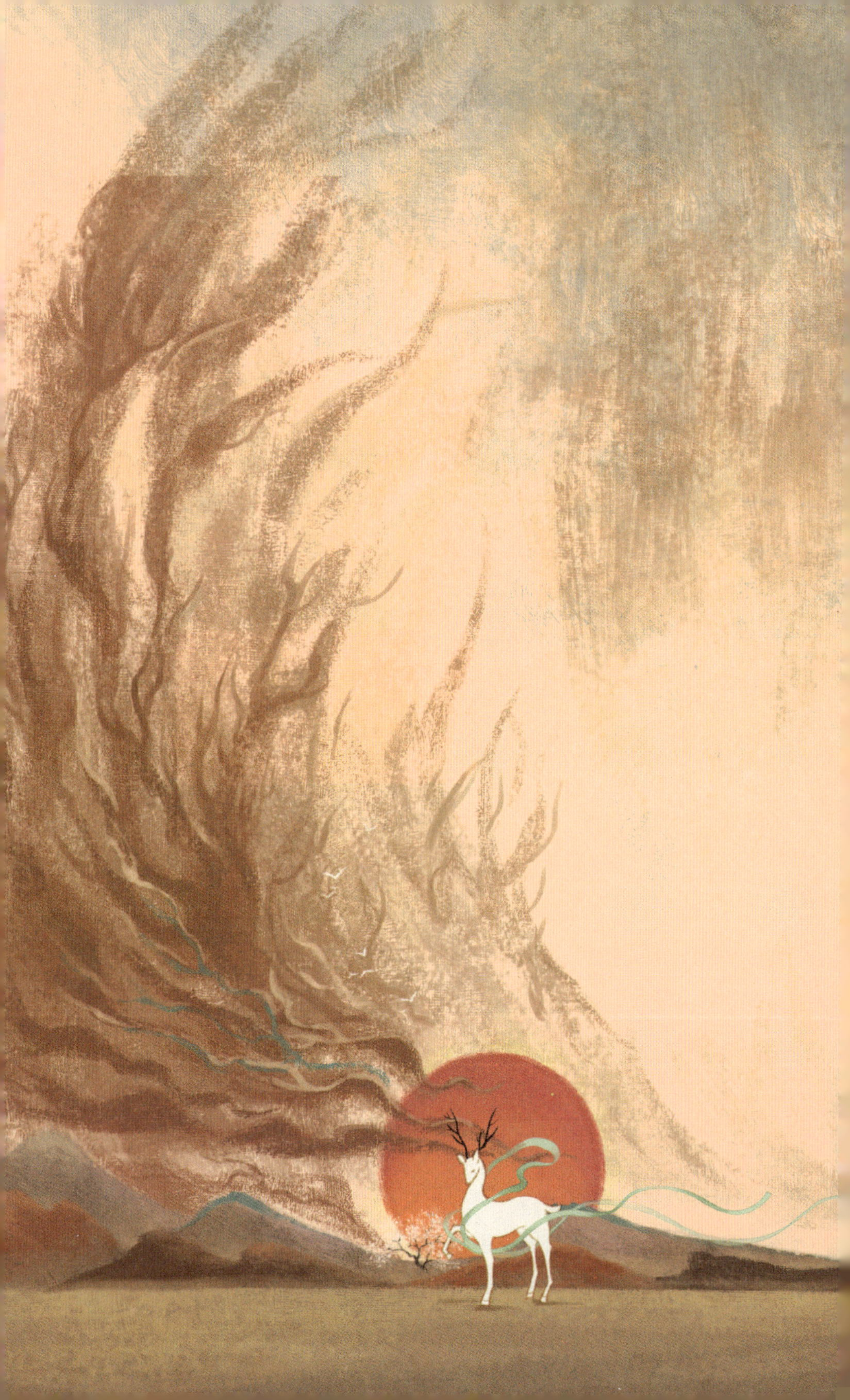

精卫填海

《山海经》故事集

芙乐 / 选编

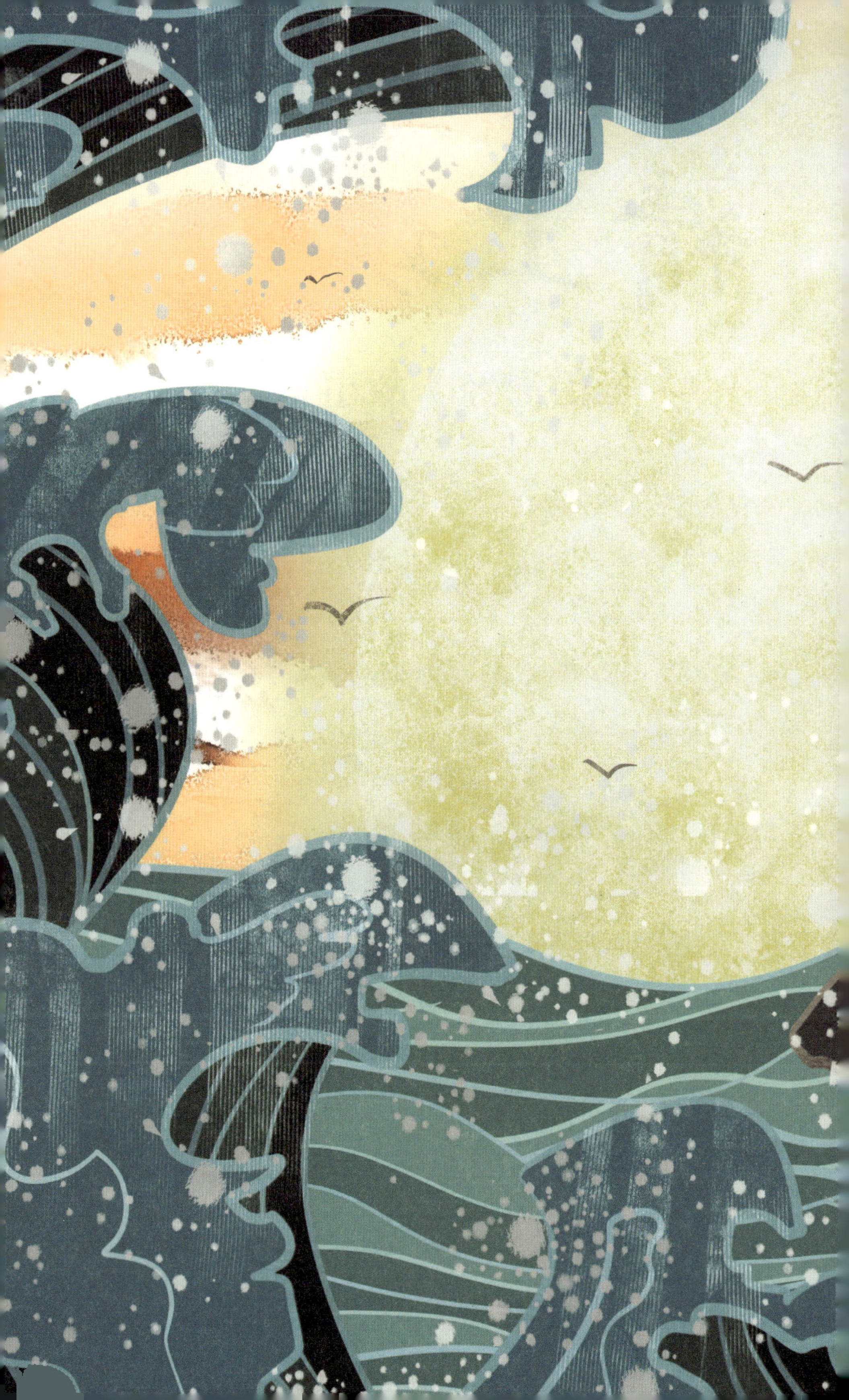

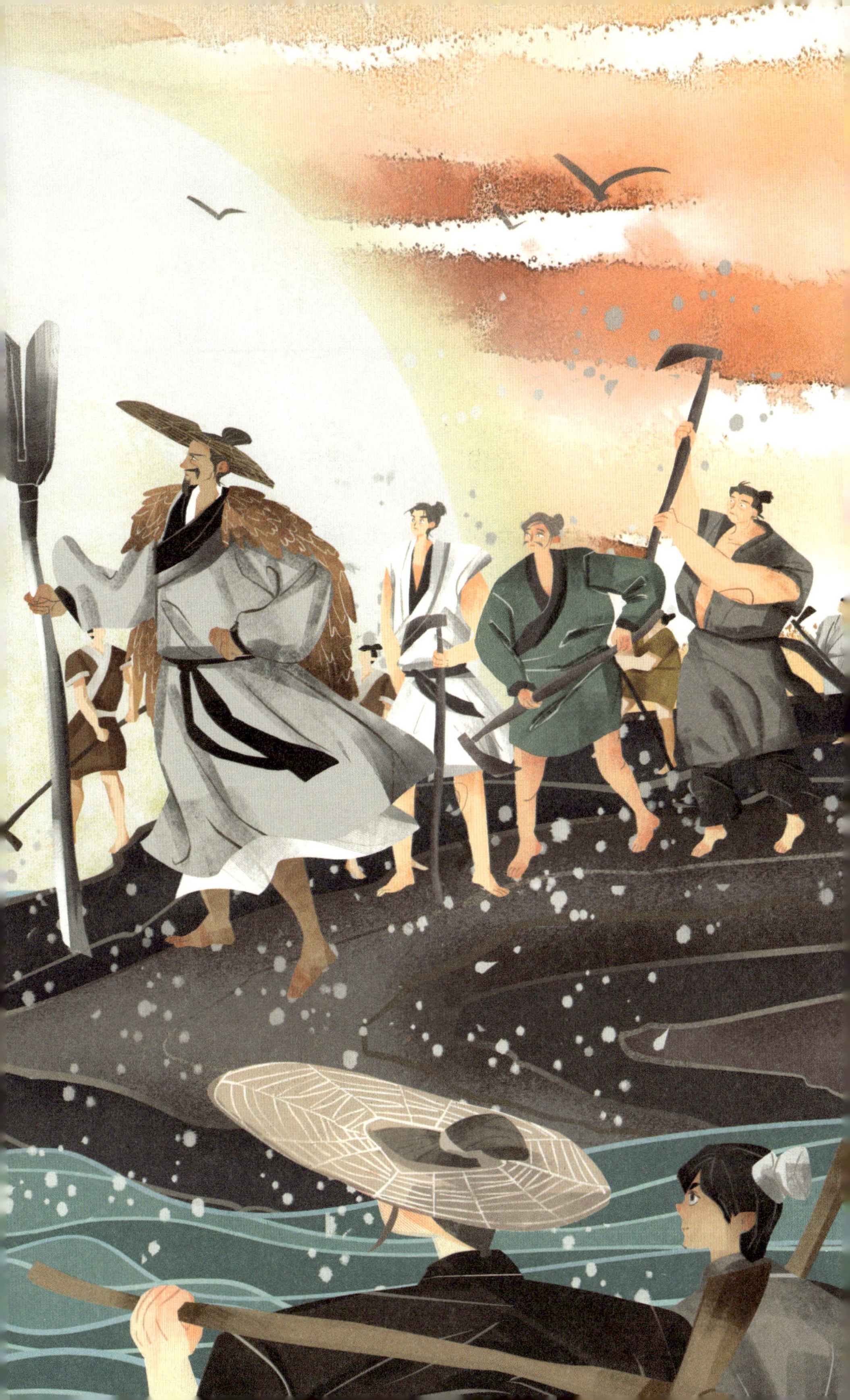

目录

天地之始

- 002 "日月之父"帝俊
- 006 "创世女神"女娲
- 011 "农业之神"炎帝
- 016 "生死之神"西王母
- 022 "时间之神"烛阴

诸神之战

- 030 黄帝大战蚩尤
- 036 刑天舞干戚
- 041 羿、凿齿战于寿华之野
- 045 禹杀相柳

英雄之赞

050　夸父逐日

058　羿射九日

064　鲧盗息壤

070　大禹治水

077　有易族人杀王亥

奇树异兽

084　精卫填海

089　巴蛇吞象

094　扶桑树与十个太阳

101　天梯建木与伏羲

107　䔯草与瑶姬

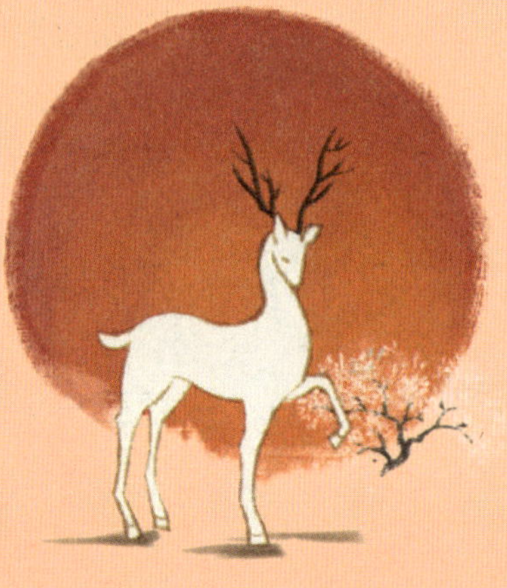

天地之始

"日月之父"帝俊

在遥远的古代，有一位了不起的天帝，名叫帝俊。他长着鸟头、猴身，只有一条腿和一只脚。

帝俊对众生怀有仁爱之心，管理有方。相传人间有两只五彩鸟，每天无所事事，互相扔沙子玩。帝俊听闻此事，就从天庭下来和它们交朋友，并把他在人间的祭坛交给五彩鸟掌管。在五彩鸟的管理下，祭祀活动秩序井然。除此之外，帝俊制定了一系列规则和律例，使众神权责分明、各司其职。在他的治理之下，三界几乎没有发生过大规模的冲突和战争，万物欣欣向荣、蓬勃生长。

帝俊有三位妻子，第一位是羲和。她住在

东南海之外、甘水之间的羲和国，生下了十个太阳。十个太阳每天轮流照耀人间，母亲羲和每晚在甘渊里给它们洗澡。帝俊的第二位妻子是常羲，她生了十二个月亮。十二个月亮每到晚上就轮流去接替太阳升上天空，回来后，母亲常羲给它们洗澡。因而帝俊被人们尊称为"日月之父"，深受人们敬仰和崇拜。

娥皇是帝俊的第三位妻子。她生下了三身国人的祖先，赐给他们姚姓。三身国人长相奇特，有三个身子，迥异于常人。他们住在荥水尽头、巍峨的不庭之山上，以黍谷为食物。三身国出了个能工巧匠，名叫义均，他教会人们制作各种农具。

除了太阳、月亮和三身外，帝俊还有中容、后稷、晏龙、黑齿、帝鸿、季釐（lí）等七个孩子。中容创立了中容国，吃肉和果实充饥，驯服了豹、虎、熊、罴（pí）[①]四种动物。后稷及其子孙后代为百姓做了很多好事，从天上带来了

---

① 熊的一种，也叫棕熊、马熊或人熊，古称罴。

百谷，分发给各地百姓。后稷的侄子叔均姓姬，创立了西周国。叔均不仅给百姓分发谷物，还传授给他们耕作技术。西周国人得以以谷物为食。而晏龙发明了琴和瑟两种乐器，生下了司幽。司幽创立了司幽国，他的儿子思士不娶妻子，女儿思女不嫁丈夫，二人只需深情对望，便能繁衍后代。

除此之外，帝俊的曾孙番禺发明了舟船，番禺的孙子吉光发明了木制车。

帝俊仁爱慈悲，子孙繁多，且个个都十分有成就，他们各自在东南西北建立了自己的国家，从事各类发明创造。因此帝俊被人们尊为天帝。

观山海

《山海经》大约成书于战国至汉代初期，主要记录的是周代的神话故事。而关于帝俊的神话故事，是《山海经》里保存不多的商代神话。在《山海经》中，帝俊是商民族信仰中的最高天神。

人们将各种文化发明的起源都归功于帝俊及其子孙，是为了更加尊敬和珍惜这些文化，得到物质和精神上的满足，从而强化民族信仰。

神话是人们对现实生活中一些难以解释的现象的思考与想象。帝俊和羲和生的"十日"既可以指十个太阳，也可以说是十天——十天实际上与商代的历法制度密切相关。商代的历法用十个天干来纪日，一月有三旬，一旬为十天，分别是甲日、乙日、丙日、丁日、戊日、己日、庚日、辛日、壬日、癸日。后世掌管天文的官员，也被称为羲和之官。而帝俊和常羲生的十二个月亮则代表了一年有十二个月，代表阴历。

"创世女神"女娲

在很久很久以前,天地间本是一片茫茫荒原。突然有一天大地产生了剧烈的晃动,无边的火焰从地下喷发,冲出地表。大地被火焰冲开,产生了裂隙,形成了峡谷;被粉碎的巨石随着火焰,落到其他地方,形成了高山。天崩地裂之后,便是一场狂风暴雨。高山经过风雨的冲刷,渐渐显露出人的面孔。过了一段时间,高山化为一个人面蛇身的神女,然后神女苏醒过来。这位神女,名叫女娲,据说一天之内可以变化七十次之多。

女娲看到天地间一片荒芜,难过得落下了眼泪。她的泪水化成了雨滴落在了大地上,浇灌了大地,填满了峡谷,形成了河流。没过多久,大地上长出了绿草和鲜花，河流里游动着鱼儿，天空中盘旋着飞鸟，万物蓬勃生长、欣欣向荣。可女娲内心还是隐隐觉得有些孤独，觉得这大好河山间还缺少一种生灵。女娲苦恼不已，好多天在黄河岸边徘徊，还是找不到答案。有一天，女娲偶然在水中看见自己的倒影，盘旋脑海的困惑似乎瞬间烟消云散：为何不以我自己为参照，创造一种生灵呢？

于是，欣喜的女娲在黄河边用黄泥捏出了一个小孩模样的泥人儿，对着泥人儿吹了一口气，那人儿竟然活蹦乱跳了。但女娲看那人儿一个人有些孤单，便开始捏更多人。她看着一个、两个、三个……七个、八个人……虽然觉得有些疲惫，但觉得很是欣慰。看着广袤的大地、壮阔的黄河、宽阔的森林，她觉得眼前几个人远远不够。可她一个人力量十分有限，该如何是好呢？女娲又陷入了沉思之中。

第二天早上，她在森林中看到柔软的藤蔓，一个好主意就这样产生了。她挑选出一根形态优美的藤条，在黄河边蘸着黄泥，再对着藤条吹出一口气，随后将藤条用力甩向天空——千千万万个泥点撒落在大地上，变成了千千万万个男人女人。望着自己创造的人儿，女娲欣慰地笑了。

可是好景不长。有一次，共工和颛顼争夺天帝之位。共工看到颛顼受到人们爱戴、尊敬，妒火中烧，暗中使坏，派人去颛顼住处毁坏不灭之火。颛顼发现后勃然大怒，不敢相信这是共工的所作所为。他想向共工要一个解释，可共工不但不解释，反而用水淹没了颛顼住所。两人之间爆发大战。共工战败，气愤地把不周山撞断了。不周山本是支撑天空的一个柱子，它被撞断后，半边天空便崩塌下来，露出一个大窟窿。顿时天河倾泻，洪水肆虐，天下苍生遭难，百姓苦不堪言。

为了化解这场危机，拯救天下苍生，女娲斩杀了东海神龟的脚顶住苍天，然后开始炼石补天。补天需要用到大量五彩石。寻找五彩石并不容易。但女娲信念坚定，夜以继日地寻觅，走遍名山大川，跋涉五湖四海，行程异常艰辛。

可是她还是在坚持着。山高水远、飞禽猛兽她都不放在心上。终于皇天不负有心人，她在昆仑山之巅，找到了五种颜色的石头。

女娲想到救苍生有望，就欣喜不已。她借助圣火，开始废寝忘食地炼石。她用了很长时间，终于将五彩石炼好，开始一点点修补天空的裂隙。可是到快要修补好时，却发现石头不够用了。女娲痛苦地思索了许久，决心用自己的身体，填好最后的窟窿。

她慢慢往天空中的窟窿飞去。闪电逐渐停息，雷鸣慢慢匿迹，洪水渐渐退去，混乱的一切恢复往常，昏暗的天空逐渐放晴。人们看到天空的一角出现了彩霞，他们知道那是牺牲自己拯救他们的女娲幻变而成。创世女神陨落，世界重获新生。

人们非常感激、爱戴女娲。这位女神不但赋予他们宝贵的肉体和精神，还在危难时刻承担起守护苍生的使命。

女娲在华夏民族心中有着崇高的地位，她伟大而慈爱、智慧而勇敢。在民间故事和传说中，人们通过口口相传、文字记载等方式，让女娲的故事不断被丰富。女娲的精神被广泛地传播和传承，成为中华文化的重要组成部分。人们将永远铭记女娲的恩情，热爱自然，敬畏生命。

观山海

《山海经》里只有关于"女娲之肠"的记载。《大荒西经》载："有神十人，名曰女娲之肠，化为神，处栗广之野，横道而处。"在古文里，"十"往往是极多的意思。这段记载就是著名的尸身创世神话，大意是说，女娲陨落后，她的肠子变成了很多个神仙，居住在栗广之野，横卧在路上。这一记载奠定了女娲作为以造人为职能的始母神的形象。后来的"女娲造人"的故事也是在此基础上演绎而来，最早载于《风俗演义》。而"女娲补天"的故事最早载于《列子·汤问》。女娲之肠的故事，表达了远古时期人们对生命起源的一种遐想。

"农业之神"炎帝

在远古时代，有一位国君叫少典。他的妻子有蟜氏，在结婚后受到神龙的感应，生下了炎帝，赐姓姜。炎帝牛首人身，自幼在姜水边长大。他聪慧过人，勤于思考，勇敢无畏，由于出色的领导和决策才能，长大后成为部落领袖。他带领部落人民开辟荒地、播种五谷，还发明了耒、耜等农业工具，因而也被称为神农或农业之神。

相传那时候人们五谷不分，药草和百花长在一起，谷物和野草混杂而生，哪些是可以吃的，哪些是可以治病的，哪些是有毒的，没人分得清。大家以打猎为生，时而饱餐一顿，时而忍饥挨饿，过着一种野蛮的生活。可是天上的飞禽、地上的野兽，数量越来越少；特别是冬天，很多动物开始迁徙或者冬眠，打不到吃的，挨饿就是家常便饭。

此时人们饥不择食，有些人误食了有毒的野草、果子，开始生病，甚至有人中毒而亡。饿死的、病死的、中毒而死的人越来越多。望着哀鸿遍野、饿殍遍地的景象，神农心里很不是滋味，充满了忧思。他的脑海似乎盘旋着两座大山：用什么给百姓充饥？拿什么为百姓治病？

经过苦思冥想，他终于明确自己应该做什么了。既然有的植物可以食用，有的植物食用会中毒，那么对这些植物做一下区分，可以食用的多培育播种，可以治病的合理培植，有毒的就避免食用，那当前的困境不就迎刃而解了吗？

想到这里，神农紧锁的眉头舒展了。自此他踏上了尝百草、辨五谷的艰难却壮阔的征途。他组织了一拨身强力壮的子民，开始向大山迈进。

山高路远，畏途巉（chán）岩，树枝划破了皮肤，石子磨破了草鞋；腿走肿了，脚趾流血了。有人开始打退堂鼓了，想回去。神农却格外坚定，他让子民们想想生病的百姓，想想那些饿死的、病死的亲人们。大家这才安下心来，继续跟随神农前行。

神农一行人越过一条又一条溪流，翻过一坐又一坐山峰，眼前惊现大片奇花异草。神农一行人满眼喜悦。正当他们想要靠近那些花草时，一群饿狼慢慢逼近。饿狼眼放凶光，恶狠狠地盯着眼前的入侵者们。神农和子民们有的用手中的鞭子抽向饿狼们，有的用山中的树枝做武器向狼们发起进攻。经历了一场殊死搏斗，三四只狼当场毙命，其余饿狼被赶跑了。可是神农的子民有几个人被饿狼咬伤，有两人被饿狼咬死。

受惊的子民，看着倒地的伙伴鲜血直流，痛得龇牙咧嘴，都认为此地不宜久留，纷纷劝说神农回到部落。神农一脸严肃，眼角含泪，看着子民在自己面前死的死伤的伤，实在心痛。可是为了千千万万子民吃得饱、能治好病，他们必须坚持下去。他说道："决不能就此放弃！"他将子民分为两拨，一拨护送伤员回部落，一拨继续跟随自己完成尝百草的任务。

每当遇到不认识的植物，神农就开始亲自试吃，从植物的"气"和"味"，以及咀嚼后自己身体、味蕾的感受，来辨别每种植物的药性。每尝试一种，就将其特征记下来，酸的、苦的、甜的、涩的，温性的、凉性的，可食用的、可治病的、有毒的……神农做了细致的区分。

这个过程是危险重重的，神农多次因试吃草药中毒，险些丧生大山。还好子民们给他喂了灵芝草，解了毒，逃过一劫。

这个过程也是收获满满的，他发现麦子、高粱等是可以充饥的食物，就让子民收集麦子和高粱等种子，准备带回去让百姓们大面积种植。从那时开始，人们开始识五谷，开始有意识地栽培农作物。这为农业发展打下了基础，也改善了当时人们的物质生活，促进了农业传统和农耕文化的发展。

相传神农还尝试了三四百种草药，并根据感受写出了《神农本草经》。他为天下劳苦百姓带去治病方剂，救人民于水火，为后世医学、药学发展提供了宝贵的资料,推动了医学的建立。

神农的伟大创举让人们深受感动。他的勇敢和无私，也不断激励着华夏儿女勇于创新、乐于探索。为了纪念神农为百姓带来的福祉和康乐，人们给神农尝百草的那片森林，取名神农架。位于湖北西北部的神农架林区，至今仍有着"天然药园"的美称。神农的塑像也依然屹立林区，寄托着人们对神农的敬仰和感激。

观山海

《山海经》里关于炎帝神农本人的神话并不多，多是记录其子孙的。目前我们所知的关于他的神话故事，多是后世演绎而来。据其他文献记载，炎帝神农本是人间帝王，死后被祭为南方天帝，牛首人身。牛在中国古代农业社会扮演着重要角色，也象征着勤劳、耐力和力量。牛首人身的形象是人们对原始社会自然崇拜的一种体现。将炎帝的形象描绘为牛首人身，是为了突出他在农业领域的卓越贡献和重要地位，体现出古人对于炎帝的崇敬和敬畏之情。

"生死之神"西王母

在遥远的古代,神秘而庄严的昆仑山一带,被弱水环绕,仙气缭绕盘旋,风景旖旎奇绝,万物有灵,生生不息。尊贵又威严的西王母就居住于此。

法力强大的西王母,头发蓬松并戴着玉胜,有着人的面容和身躯。可与常人不同的是,她长着豹尾和虎齿,有长啸的本领,喜欢住在洞穴里,每天有三只勤勤恳恳的青鸟为她衔来食物。

昆仑山上有不死树,西王母经常从不死树上摘取果实,炼制长生不死药。这些药物能让人延年益寿、长生不老,甚至起死回生。

一次,昆仑山下一个村庄暴发了可怕的瘟

疫，原来男耕女织、日出而作日入而息的平静，一夜之间被打破。曾经热闹的庭院如今冷清寂寥，不久前趁着东风放纸鸢的孩童已经不见了身影。零星出门的几个人，脸上写满了忧郁，一幅憔悴的样子。更多的百姓躺在床上，痛苦地呻吟，他们脸色蜡黄，身上长满了猩红的疮，严重的还流出黏稠的液体。

乡间的医生们为瘟疫奔走，虽然费尽心力、绞尽脑汁，可在恐怖的瘟疫面前，还是束手无策。那时候药物和医疗资源严重匮乏，医学知识又十分有限，救治更是难上加难。

这瘟疫传染性极强，老弱病残先感染了，又传染给其他家人。曾经充满欢声笑语的世外桃源般的小村落，被死亡的阴影笼罩着。人们一边被可怕的瘟疫折磨，一边为逝去的家人恸哭。

人间的哭声和白色的出殡丧幡，引起了外出为西王母觅食的青鸟的注意。青鸟将情况报告给西王母。西王母一听，大惊，飞速前往村落察看实情。看见眼前的惨状，西王母心有戚戚，落下泪来。她悔恨自己整日闭关修炼仙丹和不死之药，竟忘了多到人间看看世间疾苦；她自责身为一方神祇，竟让自己的子民死于瘟疫、家破人亡。

于是，她命令青鸟通知更多属下，将大批仙丹运到此地，送入死者口中，发到生者手中。一刻钟后，死者慢慢睁开双眼；生者身上的疮也慢慢消退。村民们慢慢恢复血色，体能比以前更强了。西王母的仙丹为众人带来生机。生的喜悦一扫死亡的阴霾，人们喜出望外，看着彼此默默流出欣喜的泪水。

村民们朝着西王母返回昆仑山的背影下跪、叩首，心里默默感谢仁慈的西王母，感谢她慷慨解囊，将珍贵的丹药赠予他们，让他们起死回生，大病痊愈，重新拥有和美的家庭和幸福的生活。这场灾难以后，百姓们比以前更团结，也更善良。他们同心协力重新投入农耕生产，养儿育女，男耕女织。这个村庄很快恢复了往日的美好与安宁。

回到昆仑山的西王母命令自己的众部下，

每日三巡，如遇人间疾苦，要立马向自己汇报。西王母的这项举措，让百姓的许多困难及时被看见，问题及时被解决，人间的欢声笑语越来越多，百姓生活越来越幸福。

西王母在维护人间秩序和百姓幸福生活上花费了大量的时间精力。可是她也没有荒废炼丹制药的事业，她非常清楚这对她来说意味着什么。她是如此珍视生命，又是如此敬畏时间，还如此爱戴百姓，她把所有剩余时间都用在炼丹制药上。她想只要自己炼制的丹药数量足够多，就可以救治更多的人。

西王母慈爱、悲悯、勤勉的美名，传遍了天下。她不仅掌管着生命和死亡，还始终关注世间众生疾苦。西王母在百姓心中的形象越来越美好，地位越来越崇高。人们在许多地方修筑庙宇，供奉仁慈善良的西王母神像。

每逢灾异或者战乱之时，百姓们都会祈求西王母庇佑和救赎，希望能够在她的帮助下渡过难关，迎来和平、安宁。在每年特定的日子，百姓们还会举行隆重的祭祀仪式，以此来表达

汉代画像石上的西王母

对西王母的崇敬和感恩之情。比如舞龙舞狮，燃放烟花、爆竹，献上祭祀品等，场面热闹而庄重。

时间更迭，岁月变迁，西王母生死之神、吉祥女神的形象已经家喻户晓、深入人心。西王母的美好形象和崇高美德，寄托着人们对美好生活的希冀和善良仁爱的信仰。

观山海

《山海经》里没有直接描述西王母与不死药的关系。但《西山经》里记载西王母是"司天之厉及王残",是掌管天上厉鬼和预示人间灾害的生死之神。而《大荒西经》和《海内北经》记载,西王母居住在昆仑山上,昆仑山上有不死树。后世的神话传说在此基础上流传演绎,便有了"嫦娥应悔偷灵药,碧海青天夜夜心"这样的诗句。

"时间之神"烛阴

在西北方四百二十里的地方,有一座山叫钟山,山上居住着一位人面蛇身的神,名叫烛阴。烛阴身子通红,有一千里那么长。他的眼睛是竖着长的,眼球突出,似乎是世间的开关。他一闭上眼睛,整个世界就陷入黑暗;他一睁开眼睛,整个世界就充满光明。他有着神仙习性,既不吃东西,又不喝水,也不呼吸。

烛阴最开始把守护钟山当作自己的使命,他每天早上准时睁开眼睛,钟山下的无启国就充满光明,人们便纷纷出来劳作;每天晚上准时闭上眼睛,人们便荷锄而归,睡觉休息。烛阴每天睁眼闭眼,人们每天劳作休息,就这样过了一段时间。

可是有一天早上，烛阴的眼睛突然不睁了。他长睡不醒，无启国便陷入了一片黑暗之中。一开始，人们还在为每天不用早起劳作、一直休息而暗暗高兴。可是时间一久，家里储存的食物没有了，田间地头的庄稼因为长期得不到日照也荒芜了。人们饿得不行，相继有老人和孩子饿死在路边。

眼看着日子越来越艰难，人们便开始反思："是不是我们过度开垦荒地、杀害牲畜，得罪了烛阴？"于是，他们跪在门口向烛阴忏悔、祈祷，拿出家中本就不富足的食物祭祀他："好心的烛阴大神，我们知道错了，求求你重新赐给我们光明吧！"

钟山上的烛阴虽然眼睛闭着，耳朵却听到了人们的忏悔与祈祷。听到无启国的百姓祈祷，他也于心不忍，开始反思自己。他没想到自己只是闭了一会儿眼，睡了一段时间，无启国百姓的生活却变得如此艰难。他觉得自己不该如此任性，于是慢慢睁开了双眼。

看着天空渐渐变亮，无启国的百姓欣喜若

狂，连忙叩头感谢。无启国的百姓又恢复了白天劳作、夜晚休息的规律生活。

　　重新苏醒过来的烛阴深感愧疚，于是开始修炼自己的法力，希望能够给百姓们带来更好的生活。他不再只是每天在固定时间睁眼闭眼，而是根据农作物的特性，调整自己的作息。百姓们播种的时候，烛阴会按照以往的时间睁眼闭眼，只是有时候睁得会稍微早一些。这样无启国的白天就会比夜晚长一点，百姓们就有更多的时间来耕作，于是就有了天气温和的春天；过了一段时间，农作物需要大量的光和热生长，烛阴便会醒得比往常更早一些，这样无启国的白天便会变得特别长，于是便有了烈日炎炎的夏季；渐渐地，农作物成熟了，百姓们收割完之后便不再需要那么长的白天，烛阴便会稍早一点闭眼，于是便有了凉爽宜人的秋天；经过了一段时间的忙碌，百姓们也十分劳累了，烛阴也需要休息，便提前闭眼，于是他们一起迎来了昼短夜长的冬眠。不仅如此，从不呼吸的烛阴渐渐学会了呼吸。他的呼吸化作了一缕清风，可以为无启国带来云雨，以浇灌大地，滋润农作物更好地生长。

无启国的农耕有序进行，欣欣向荣的消息也传到了西北海之外、赤水之北的章尾山下。那里的百姓羡慕无启国，便也跪在地上，祈祷烛阴来守护他们。

心善的烛阴听到章尾山下百姓的祷告，便也来守护他们。由于语言不同，章尾山下的百姓称烛阴为"烛龙"。渐渐地，有越来越多的地方得知了烛阴的本领，纷纷祈求烛阴的守护。守护钟山的神——烛阴也渐渐变成了世界的守护神，他深受百姓爱戴。

后来，烛阴生了一个不争气的儿子鼓。鼓长着人一样的面孔、龙一样的身体。他暴虐成性，与他的父亲烛阴完全不同。他与钦䴔（pí）神一起合谋在昆仑山的南面杀害了天神葆江。天帝知道了这件事后十分生气，便在钟山东边的瑶崖处死了鼓和钦䴔。

钦䴔死后化作一只像雕一样的大鹗。大鹗的头是白色的，嘴巴是红色的，身上的斑纹是黑色的，爪子如老虎的爪子一般，叫声如晨鹄的叫声一般。每逢大鹗鸣叫，世间便有战争发生。而鼓死后化为一只像鹞鹰一样的鵕（jùn）鸟，它的头是白色的，喙直直的，身上的斑纹是黄色的，脚是红色的，叫声就如鸿鹄一样。鵕鸟到哪里，哪里便会出现旱灾。

本来为人间带来光明的烛阴看到儿子如此恶毒，十分心痛，羞愧难当，便不敢再做世界的守护神。他退回到西北一角，休养生息。而世间关于烛龙的神话，也渐渐销声匿迹。时间之神就此陨落。

观山海

《山海经·大荒北经》中说烛龙"直目正乘"，意思是眼睛是竖着长的，眼球突出。而在三星堆遗址二号祭祀坑里曾出土过一具商铜纵目面具，其长相与烛龙相似。恰好烛龙的"烛"字的繁体字为"燭"，"燭"的右边为"蜀"。烛龙或许与蜀地有着某种联系。

三星堆商铜纵目面具

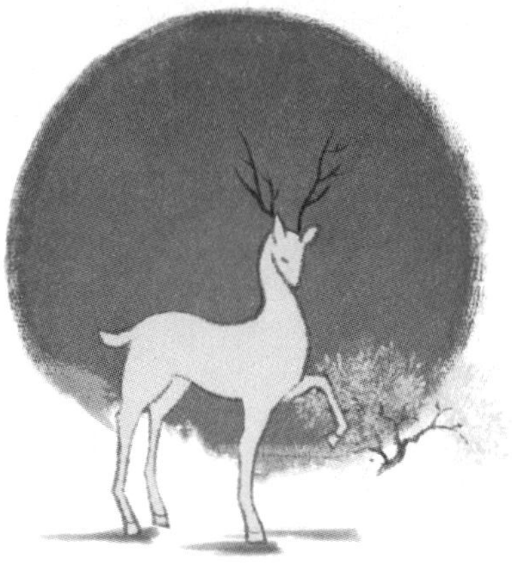

诸神之战

黄帝大战蚩尤

在远古时代,西北边的昆仑山上住着一位最高天神——黄帝。他掌管着三界事务,以西北四百二十里外的峚山上流动的玉为食。他不仅自己吃玉,还把玉的苗移植到钟山上,使钟山上生长出瑾和瑜两种美玉,供应给其他神灵吃。

而在南方,有一位主兵之神,名叫蚩尤。他形貌怪异,头上有角,双手双脚上长满了剑、戟。他发明了刀、枪、剑、斧等兵器,意图攻打黄帝。

黄帝听闻消息,遂命令应龙前去冀州广袤的平原上应战。应龙住在平原东北角的凶犁土丘上,相传是陆地兽类始祖毛犊和飞鸟始祖羽嘉所生,擅长兴云致雨。应龙接到黄帝的命令,将流动的河水堵上,蓄积起来,保存在云气里,使战场一片干燥，以方便作战。而蚩尤也不是等闲之辈，请来了风伯和雨师两位大神。风伯轻轻一吹，战场上便狂风大作；雨师挥动双手，平原上瞬时大雨倾盆。狂风暴雨淋湿了战场，战场上一片泥泞。一时之间，擅长水战的蚩尤掌握了战场的主动权，处在上风。

应龙不甘示弱，说道："我的父亲是万兽之祖毛犊，母亲是飞鸟之祖羽嘉，我是这三界最高贵的龙，岂容你们在这放肆！"蚩尤冷笑一声："你这谎话骗得了别人，可骗不了我。你的母亲是羽嘉吗？怎么她有翅膀，你没有？"应龙被戳中软肋："你胡说什么！我就是这世上最厉害的龙。"蚩尤反问道："你是龙吗？你不过是一条小蛇罢了。"修炼千年、一直渴望长出翅膀的应龙陷入崩溃，怒号道："你胡说！我是龙！我是龙……"它的呼号在天际中久久回响。

黄帝见蚩尤得意扬扬的样子，应龙又败下阵来，便有些恼羞成怒。他放出大招，让自己的女儿女魃从天而降。女魃拥有神力，全身能散发巨大的光热。她一下到凡间，天空中火光四射，狂风骤雨便立刻停止了，泥泞的土地也瞬间被晒干。火光之中，本来奄奄一息的应龙重整旗鼓，将所有的能量蓄积到肋间。他怒号一声，血红色的翅膀从肋间飞速冲出。他挥动双翼，腾空而起，将蓄积的河水凝成磅礴的水柱，用力推向蚩尤。蚩尤手握战斧，左防右砍。应龙趁蚩尤忙于防御，飞到蚩尤的身后，调来树木，做成枷锁，牢牢钳住蚩尤的手脚。蚩尤使尽浑身解数，想挣脱枷锁。随着一声响彻天际的怒吼，蚩尤挣开了枷锁，但气力已尽，鲜血四溅，染红了树木。蚩尤倒在了血泊之中，被染红的树木落在了宋山之上。后来的人们为染红的树木起了一个名字，叫枫树。

蚩尤的部下巨人夸父见蚩尤倒下，悲痛怒号，大步向应龙杀去。应龙再次飞上天空，作盘旋之姿，时而喷出水柱，时而呼出狂风。夸父虽有大力，但仍不敌应龙呼出的狂风。他在狂风中寸步难行。应龙趁势将风蓄积起来，发起攻击。高大的夸父最终轰然倒下，大地也为之一震。

黄帝虽然取得了胜利，但应龙和女魃都耗尽神力，无法再回到天庭。女魃去到北方的系昆山居住，虽然还能散发光热，却无法控制光热。她所到之处，均不下雨，百姓苦不堪言。管理农田耕种的田神叔均向黄帝禀告了凡间的情况，黄帝无奈之下，只能把女魃安排在赤水河的北边人迹罕至的地方居住。但女魃觉得待在那儿很无聊，按捺不住性子，总逃出去。老百姓没有办法，只能把堵塞的河沟都清理好，日日向天祷告："女魃，求求你，向更北的地方去吧。"

应龙看到百姓们苦苦求雨，心有不忍，仍然奋力蓄水降雨。他飞到九天之上，挥动双翼，席卷云雨，而后又飞冲到地面，将甘霖洒满大地。如此来回数次，干旱的大地逐渐湿润，万物渐渐复苏。但应龙却因此耗尽神力，双翅折损。直到有一次，他发现自己再也飞不起来了，便向南方飞去。

后来，百姓们每逢旱灾，便会模仿应龙的样子舞龙，以求天降甘霖。应龙因而也有了"中华第一龙"的美誉。

黄帝大战蚩尤

观山海

在《山海经》中，黄帝是周民族信仰中的最高天神，蚩尤也是神灵，黄帝大战蚩尤是关于诸神之间的战争神话。人们创造这个神话故事，更多的是为了解释北方多旱灾的原因。而在春秋战国之后，黄帝逐渐被"拉下神坛"。他的超自然力量逐渐消失，成为人间帝王。到汉代司马迁的《史记·五帝本纪》中，黄帝成了远古帝王少典的儿子，姓公孙，名轩辕，和炎帝是兄弟，道德修养高。而蚩尤则从战神、兵主变成了一个残暴的诸侯。黄帝在涿鹿大战蚩尤，蚩尤兵败，黄帝被拥戴为人间帝王。黄帝大战蚩尤的故事也从《山海经》中的神话故事变成了历史传说，多了很多道德评价。随着后世的演绎，黄帝逐渐变成五帝中的第一位，被称为"中华人文始祖"。

刑天舞干戚①

在远古时代，有一位威武雄壮、骁勇善战的巨人，名叫刑天。他肌肉壮硕，身材高大，左手持盾牌，右手握着一柄巨大的长柄斧，对炎帝忠贞不贰，是炎帝的得力干将。

炎帝在阪泉之战中被天帝黄帝打败，屈居于南方。刑天虽忠心地跟随炎帝左右，但一直不甘于失败。看到蚩尤也被黄帝打败，刑天再也按捺不住。

他拿起盾牌和长柄斧，向昆仑山奔去，一路过关斩将，杀到南天门。黄帝的大管家天神陆吾见刑天杀气腾腾地杀到门口，便问刑天有

---

① 干，盾牌；戚，大斧。

何贵干。然而刑天并不理睬，推开陆吾，径直要闯入南天门。陆吾与之打斗起来，但没一两个回合，便被拥有巨力的刑天打倒在地。刑天径直向黄帝的宫殿杀去，守卫的天兵天将纷纷围上来抵挡。刑天左砍右杀，天兵天将陆续倒地。刑天杀到黄帝的宫门前，黄帝闻声而起，勃然大怒，拿起宝剑前来迎战。一阵寒光闪过，黄帝一剑向刑天刺去，刑天左手飞速举起盾牌防卫，右手接着抡起长柄斧朝黄帝砍去。黄帝一个转身，躲过刑天的长柄斧。二人从宫内一直搏斗到宫外，从天庭搏斗到人间，一直搏斗到常羊山下，双方僵持不下，战况十分胶着。

然而，黄帝到底是久经沙场的天神。他自知如此僵持下去，不敌刑天，便请求去山顶决战。刑天一时掉以轻心，匆忙答应。这时，黄帝趁刑天不备，挥剑砍向刑天。刑天登时鲜血四溅，失去头颅。正当黄帝以为刑天已然奄奄一息时，令人震惊的事情发生了：失去头颅的刑天并没有倒地而亡，而是以乳头做眼睛，以肚脐做嘴巴，继续挥舞手中的斧子和盾牌，誓死与黄帝战斗到底。

刑天的头颅滚到了常羊山脚下。黄帝害怕刑天找到头颅后，武力恢复，便劈开了常羊山，让刑天的头颅滚落到两山中；随后又将两山合上，将刑天的头颅永远地埋葬在常羊山中，不见天日。

愤怒的刑天听到地动山摇的巨响，知道自己已无找到头颅的可能。但他又不甘心就此失败，只能长号一声，绝望地继续挥舞着长柄斧，以示对黄帝的不满。

黄帝见此情景，也无心恋战，只好灰溜溜地返回天庭。

常羊山脚下，茫茫的荒原之上，刑天，一个没有头颅的英雄，不眠不休地挥舞着盾牌和斧头，直到气力用尽，倒在地上。他的形象似乎成为一种信条，一种象征，一种隐喻，一种注入中华儿女血脉中的精神。这种精神叫坚韧，叫不屈。

刑天舞干戚的故事，从远古流传至今，一直激励着中华儿女，激励他们在困境中坚守信仰，在绝望中永不放弃。

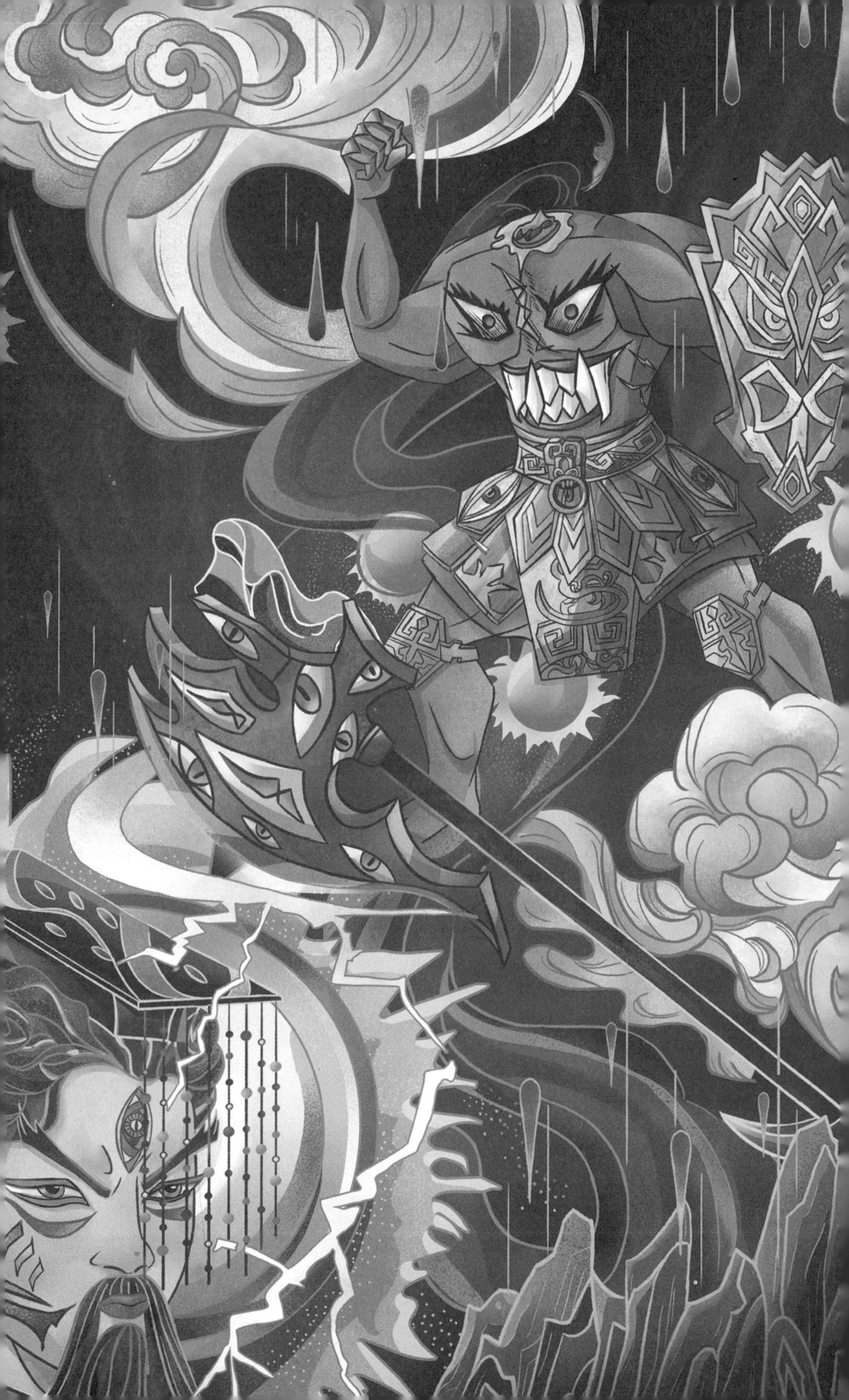

观山海

《山海经·海外西经》对于"刑天舞干戚"的故事只有简短的记载:"刑天与帝至此争神,帝断其首,葬之常羊之山,乃以乳为目,以脐为口,操干戚以舞。"但随着后世的不断演绎,这个故事不断被丰富,刑天的精神也一直激励着后人。东晋诗人陶渊明的《读〈山海经〉(其十)》就引用了"刑天舞干戚""精卫填海"的典故:

精卫衔微木,将以填沧海。
刑天舞干戚,猛志固常在。
同物既无虑,化去不复悔。
徒设在昔心,良辰讵可待!

陶渊明借赞扬精卫和刑天的反抗精神,表达自己的"猛志固常在",抒发对现实的不满。

羿、凿齿战于寿华之野

在南方，有一片名叫寿华的荒野。那里常有一只名叫凿齿的怪兽出没，它长相怪异，长着像凿子一样的牙齿，专门捕食人类。

住在附近的人们经常被凿齿捕食而亡。人们胆战心惊地生活着，害怕自己丧命，也害怕失去至亲。人们白天就不怎么敢出门，更甭提晚上了。所以田地也荒废了，到处杂草遍生，到了冬天就青黄不接。

突然有一天，帝俊和羲和所生的十个太阳玩心大发，一起在天上肆虐，导致大地极度炎热，寿华地区本就荒废的田地变得更加干旱了。凿齿看到天有异象，更加猖獗，到处为非作歹。人们不仅有被咬死的威胁，还有被饿死的风险。

一天，帝俊赐给臣子羿红色的弓和白色的箭，让他去教训一下十个太阳。羿下到人间，听到南方有人的惨叫声，便先往南方去。凶神恶煞的凿齿咬死了一个男人，又吞下了一个孩子，飞快逃走。羿看到此情此景，感到气愤不已，双手攥紧。

羿决意先去教训一下凿齿。他乔装打扮成普通的农夫，把弓箭藏在自己的蓑衣里往农田走去，假装是察看瓜田的西瓜。到田地不久，他看到一串巨大的脚印。他蹲下仔细察看，只见地上显出一只巨大的爪子的影子，从背后向他伸来。他迅疾转身，只见眼前一个奇丑无比的怪兽，满口凌乱的巨齿，像凿子那样锋利。

凿齿大阔步向他走去，羿退到田埂边缘，从蓑衣下抽出弓箭，左肩对准巨人的脸，左手持弓，两脚开立与肩同宽，身体略微前倾。右手把箭搭在弓上，用左手虎口推弓，迅疾将箭射出。

不料，这野兽居然还有盾牌。羿的第一箭正好射在了盾牌之上，被凿齿挡住了。凿齿张开血盆大口，暴怒着向羿这边奔来。羿再次抽出箭，搭弓上弦，飞旋上天，箭飞出去了，快得像闪电一般，直击凿齿脑门。凿齿慢下来了，这一箭让它头晕目眩。羿乘胜追击，接着射出第三箭、第四箭、第五箭……这次凿齿终于招架不住，扑通一声，倒地而亡。

凿齿被羿射杀后，一大批民众闻讯赶来，看到残害人命的凿齿死在羿的箭下，不由得欢呼雀跃，喜极而泣。那些恐惧和伤痛，似乎暂时得到了宽慰；心里头恐惧的大石头，终于可以放下了。那些荒废的田地也可以重新耕种了。仿佛一夜之间，这片沼泽恢复了生机。那种不敢大口喘气、大口呼吸的日子，终于结束了。

南方寿华地区百姓的危险解除了，但羿又听说还有窫窳（yà yǔ）、九婴、大风、封豨、修蛇等怪兽在各地残害人民，十个太阳仍在天空中玩闹着。于是，他又马不停蹄地在凶水击杀了九婴，在青丘沼泽地绞杀了大风，在洞庭斩杀了修蛇，在桑林擒拿了封豨，在空中射下了九个太阳，在地上杀死了窫窳，救各地百姓于水深火热之中。

炙热的阳光逐渐褪去，野兽的吼叫声也渐渐停息，躲在家里的百姓纷纷打开门察看。只见羿左手持箭，右手持弓，停留在半空中。百姓们纷纷出门，欢呼叩首，对羿表示感谢。

观山海

羿和凿齿的这场战争主要被记录在《山海经·海外南经》中："羿与凿齿战于寿华之野，羿射杀之。在昆仑虚东。羿持弓矢，凿齿持盾。一曰持戈。"而在《淮南子·本经训》中，这段故事已经被大大丰富："猰(yà)貐(yǔ)[①]、凿齿、九婴、大风、封豨(xī)、修蛇，皆为民害。尧乃使羿诛凿齿于畴华[②]之野，杀九婴于凶水之上，缴大风于青邱之泽，上射十日，而下杀猰貐，断修蛇于洞庭，擒封豨于桑林。"羿不仅射杀了凿齿，还杀了窫窳、九婴、大风、封豨、修蛇等怪兽和十个太阳。

---

① 同"窫窳"。
② 同"寿华"。

禹杀相柳

在尧帝时期,水神共工有一个臣子,名叫相柳,别名相繇(yáo),是一条身形巨大的九头蛇。相柳的面目虽然像人,但十分狰狞,九个脑袋可以朝向不同的山头同时吃东西。它能够喷出威力巨大的水柱,所到之地都会变成沼泽。各地的百姓闻相柳而色变。

传说共工治水不利被尧帝流放幽州,相柳为报共工之仇,兴起洪水。鲧的儿子禹继承父亲的遗志,被尧帝派去镇压相柳,治理到处肆虐的洪水。

禹来到共工国,大声喊道:"相柳,你为非作歹,恶贯满盈。今天我要取你性命,为民除害。"

"哈哈哈哈,好大的口气,不自量力!"相

柳满口不屑。

"废话少说，拿命来。"禹义正词严地说道。

"哼！怕你不成？"相柳气势汹汹道。

相柳从九颗蛇头喷出九股水柱，向禹这边袭来。禹身手矫捷，他早就熟知相柳的特性和招数，很快就躲闪开了。他从背后抽出耒耜，精准地砍下相柳的一颗蛇头，相柳顿时鲜血直流。相柳恼羞成怒，大喊道："可恶！小子拿命来。"

禹沉着应对，及时躲闪相柳口中喷出的水柱。又找准时机，竭尽全力斩杀了相柳的三颗蛇头。相柳不淡定了，眼前的青年让他不敢再掉以轻心了：他比以往那些年轻人更勇敢、沉着，本领也更高超。

相柳试图张开血盆大口撕咬禹的脖颈。可是禹早有准备，说时迟那时快，只见他飞速躲闪，举起耒耜用力挥舞出去。耒耜在空中飞速盘旋，几乎就在眨眼之间，相柳的五颗蛇头落地。扑通一声巨响，相柳的蛇身也坠落倒地，血流成河。

禹非常疲惫，靠在一棵参天大树上休息。他每天都在期待这一刻：将恶兽相柳杀死，为死去的父亲报仇，为受苦的百姓除害。可是真正到了这一刻，他的内心却没有一丝欣喜。因为他发现，相柳虽然死了，但它的血液却散发出一种毒气。相柳血液所经之处，土地顿时变黑，散发出一种恶臭，无法种植五谷。

禹试图用土填埋，却发现土一盖上，就会瞬时塌陷下沉，被相柳的尸体腐化，变成坏土。禹不敢相信，又试验了两次，发现仍然于事无补。为了避免相柳更多的坏血流入江河，尸体的毒气污染更多地方的土壤，禹只好求助各路天神，在昆仑山的北面、柔利国的东面建了祭祀各路天神的众帝之台，祈求各路天神协助他压住相柳的邪气。

天神们听到禹的祈祷，一起施展法力。腐烂的土地渐渐变得肥沃，浑黑的河流逐渐变得清澈，空气中的腐臭之气渐渐散去，共工国的百姓也逐渐恢复了正常的生活秩序。后来，听说人们都不敢朝北方射箭，因为众帝之台的东面还有个共工之台。共工之台的四个角各有一条蛇,蛇身上的斑纹与老虎相似,头向着南方。

观山海

在《山海经》中,相柳是凶神,是人们对水灾、水污染等想象的具象化,亦象征人类的欲望与邪念。

英雄之赞

夸父逐日

在北方的荒野上,有一座山,名叫成都载天山。山上有个人名叫夸父,据说他是黄帝的部下、掌管幽冥世界的地神后土的孙子。夸父的耳朵上挂着两条黄色的蛇,粗糙的大手上缠绕着两条黄色的蛇。普通百姓看到他会心生恐惧,心里很疑惑那些阴森恐怖的蛇,在他面前为何如此驯服?可是人们也非常尊敬夸父,每当他们遇到困难,夸父总是挺身而出。在那些打败野兽的时刻,那些战胜敌对部落的时刻,人们总是能看到夸父高大、孔武的身影。

那时候的太阳,似乎还没有长大,很贪玩,隔三岔五使出浑身解数,拼命地发光发热,晒得大地龟裂、沟壑纵横,有些地方甚至寸草不生。

农作物都缺水干枯而死，更不用说有什么收成了。青黄不接是家常便饭。最开始还可以打猎，什么山鸡、兔子，甚至运气好时还有野猪、野鹿，饿的时候几乎是前胸贴后背，饱的时候就是三天不饿。后来因为长久的干旱、滴雨不下，兽类几乎无法存活。不久之后，打不到猎物了，人们开始吃野菜、树皮、草根，为了果腹有时候不得不掘地三尺。最后连草根、树皮都成了香饽饽，人们得争着抢着去找。人间似乎已经走到了绝境：到处是饥肠辘辘的人，他们面有菜色、嘴唇干裂；树木花草毫无生机，到处一片萧条。

夸父看到眼前的一切，心中涌起无限愤怒。他对太阳的仇恨之火，熊熊燃烧。他实在看不得眼前的惨状。他必须反抗，必须抗争，必须让肆无忌惮的太阳有所收敛。可是太阳高高在上啊，就算夸父再高大，与太阳的距离还是十分遥远。

于是，夸父下定决心追逐太阳，警告太阳不要再为非作歹。他的部族劝他不要去，毕竟谁能与太阳的力量抗衡呢？可夸父势在必行，就算知道自己在太阳面前显得格外渺小，但内心真正想做的事，没有任何人任何事可以阻拦。更何况也不是完全没有成功的可能性。太阳再强也有落山的时候啊，只要自己跑得足够快，只要自己不断地训练，就还有一线生机。要是自己的追逐能够阻止太阳的恶行，那就太好了。

日出东方之时，夸父就开始面向太阳奔跑。大地太干了，每踏一步都扬起灰尘，不多久，夸父的脸上、身上都变得灰扑扑的。这对夸父来说不是什么问题。太阳越升越高，空气也越来越灼热，夸父脸上身上早已汗如雨下。衣服湿透了，又被高温烤干了。但奔跑似乎是他唯一的使命。

他继续奔跑。但太阳的速度是那么快，暴晒和持续奔跑，使他的喉咙里像有一团火，烧得咽喉冒烟。身上的皮肤被晒得黑红黑红的，甚至开始起皮，有些地方的皮开始脱落。脱皮后的皮肤变得紧绷绷的，像被撕裂一样疼。可是这些疼痛和内心的决心相比，算得了什么呢？

奔跑，依然是唯一的使命。

"一定能追上，一定能追上。"他在心底不断地告诉自己。他的脚步异常坚定，那种想拯救百姓和家园、反抗暴虐的太阳的冲动，驱使着他忘记了身体的疲倦和疼痛。太阳已经开始从最高点慢慢下降，夸父知道时间已经来到下午。他不知疲倦地奔跑着，路过原野的热风，路过干涸的小溪，路过民众的尸骸，路过焦黄的田野，路过一座又一座寸草不生的大山。温度似乎下降了一点，偶尔有温热的风吹来，比之前舒服多了。天色也渐渐暗下来，夸父远远看着最远处那两座山之间的低谷，那就是他日日夜夜都想到达的地点，那里是他最有可能接近太阳的地方，那也是他能够追到太阳的地方。

终于，在禺谷，太阳快落山的地方，夸父追上了太阳。太阳虽然已经快落山，但夸父由于离得太近，觉得更加热了。他的喉咙和龟裂的大地一样干，似乎只要洒几滴水，就能冒出烟尘。于是，他快速奔跑，一头扎进黄河里面，开始喝水，咕嘟咕嘟，咕嘟咕嘟，一刻也不停。

眼见着黄河的水位一点点地越来越低，越来越低了。谁敢相信，一个人竟然有这么大的饮水量呢？不多久，黄河竟然见底了。

可是夸父还是非常渴。他顾不得身上晒伤的疼痛，又向着渭水跑去。他的身体里有一团熊熊烈焰，刚才倾尽黄河之水才浇灭了一半。到了渭水边，夸父又一顿狂饮，他从未觉得水这么好喝过。不多久，渭水也干涸了。

但夸父还是觉得干渴，于是他又向北方方圆千里的大泽奔去。可是还没到大泽，夸父的身体已经支撑不住了。他感觉天旋地转。他仍用手杖苦苦支撑着。撑了一会儿，他实在支持不住了，便倒在了地上。大地也随之震动，发出剧烈的声响。

不畏暴晒、奔跑向前的夸父永久地倒下了。他沉沉地睡去，永远也不会再醒来。但时间不会因此而停下。

第二天，太阳照常升起。但神奇的是，在夸父倒下的地方，他的手杖变成了一片桃林，漫天粉色，桃花片片飞舞。

看到此情此景，太阳也被夸父的勇气和决心所感动，终于明白人类是不可小觑的；他们的肉体凡胎中蕴藏着不可预估的力量。太阳心有余悸，他回想着夸父喝光黄河和渭水，不知疲倦地在烈日下跨越千万里路，谁能不为他感动呢？一个人即使知道自己会失败，还是无比坚定地去做心中想做之事，谁能说他不成功呢？谁能说他不是英雄呢？

太阳开始有所收敛，不再霸占执掌天空的权力，有时候也让风伯、雨师、雪女出来掌管天空。这片土地变得风调雨顺，春天桃花朵朵，夏天郁郁葱葱，秋天果实累累。人们丰衣足食，生机和希望再次回到了人间。

人们很感激夸父，他们深知是夸父改变了一切，是夸父的勇气感动了太阳，是他的抗争精神改变了太阳的暴行。每次人们路过桃林，都会想起夸父。夸父的勇气和抗争精神鼓舞了一代又一代人，似乎成为一种精神象征。人们只要提到他，脑海里就会涌现那个不断奔跑的身影。

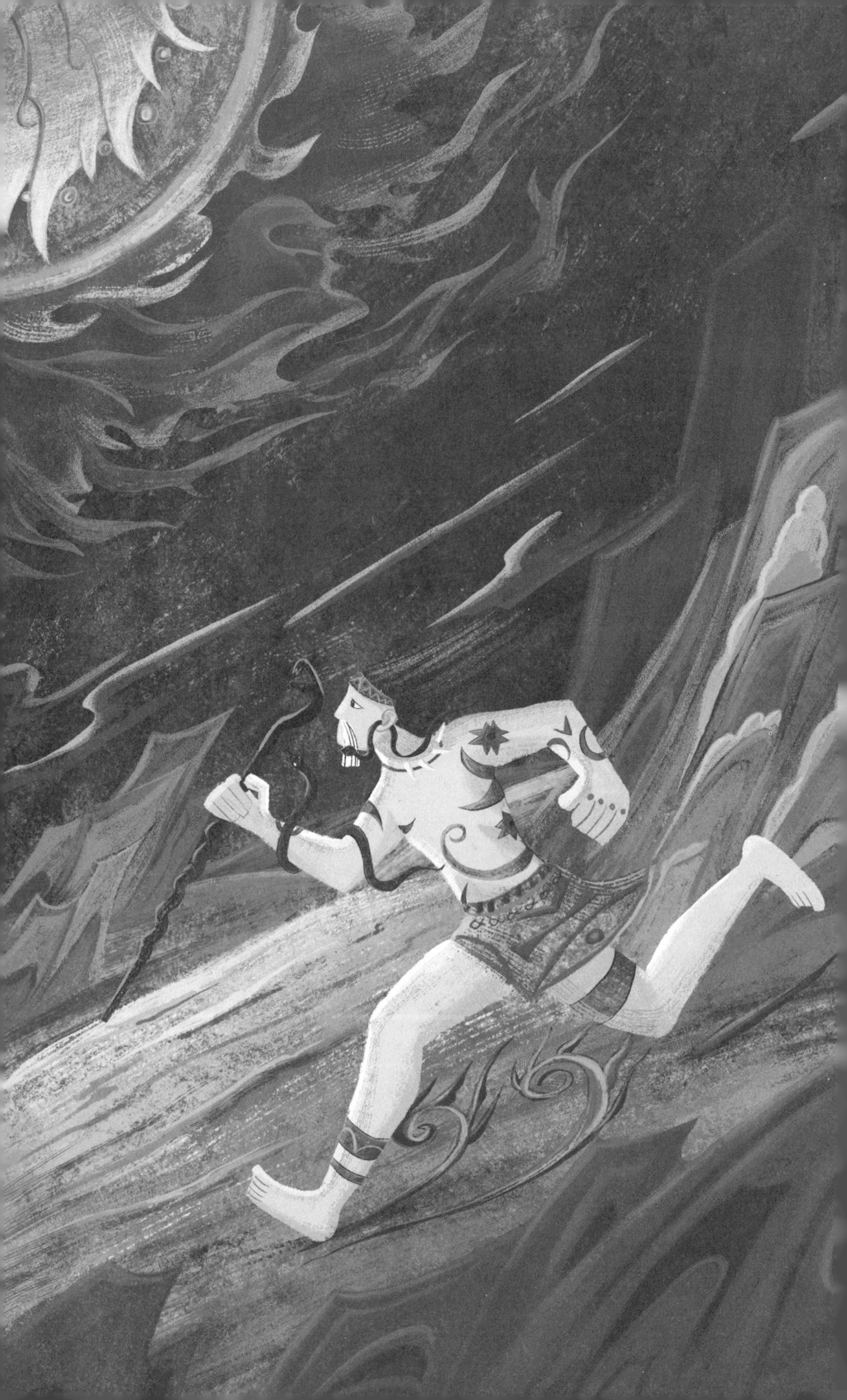

观山海

在《山海经》中，出现过两段关于夸父的神话，一是夸父逐日而死，二是在黄帝和蚩尤的战争中，应龙杀死了蚩尤和夸父。有人认为，夸父是神，所以可以死而复生；有人认为，这两段神话中的夸父是来自夸父族的两个人；还有人认为，这两段神话中的夸父是同一个人，只是因为《山海经》的每个部分是不同的作者所写，所以描述的情节有差异。

读完夸父逐日的故事，你是怎么认为的？不妨找来《山海经》的原文读读，和小伙伴们讨论讨论吧。

羿射九日

天帝帝俊和羲和生下了十个太阳。他们住在东方海外的巨大扶桑树下。十个太阳每天派一个太阳出来值守,照耀大地。晚上完成任务后,母亲羲和会给它们洗澡。

可是有一天,他们突然玩心大发,一齐来到天空,发出耀眼的光芒。整个大地在暴晒之中,马路上、田野里、宫殿边,有许多人中暑。年老者经不住高温,有人当场丧生;年幼者皮肤嫩弱,脱皮严重,痛得大哭。

人们实在没有办法,便去请巫师女丑降雨。女丑听见人们的请求,遂准备呼风唤雨。但她一出来也受不住十个太阳的灼热炙烤,倒地而死。

帝俊得知孩子们的胡作非为，十分生气，便急忙召唤擅长射箭的臣子羿。羿速速赶来："天帝急召臣来，所为何事？"帝俊对羿说："我那十个太阳孩子实在太不懂事了，竟然玩心大发，一齐升上天空去了，弄得人间现在民不聊生。我把我的弓箭赐给你，你替我去教训教训他们。"说完，便赐给羿一张红色的弓和一袋白色的箭。羿双手举起接过弓箭，便准备向人间奔去。帝俊看着羿离开的背影，又不忍心地补充道："只需吓唬吓唬他们即可，他们知道错了就好。"羿听到后犹疑了一下，应了一声："臣明白！"

羿本来谨记帝俊的叮嘱，念着他和十个太阳幼年曾一起玩耍的情分，只想去吓唬吓唬他们。可当看到人间的惨状，他改变了主意。他看到茅草屋燃起来了，一片接一片的房屋烧起来了。森林也开始燃烧起来，草原被烧成一片焦黑。人们无处可去，活着的人纷纷跳进河里、海里，可是水温也越来越高。不断有人在高温中死去。可太阳们却玩得不亦乐乎，没有注意到人们的祈求，更无视人们的生死。

羿看着倒地的大片尸首和狼藉的家园，心中愤怒不已，万分痛苦。此时的他深知自己不可再犹疑，每分每秒都有人因为太阳的玩忽职守死去。他从背后抽出一支箭，瞄准最南边的太阳，用最大的力气拉满弓。他面色凝重，汗珠不断从额头流到嘴角——一种腥苦味，这也是人间生活的底味。那支箭飞出去了，飞得越来越高，越来越远，穿过漫长而炎热的天空，正中一个太阳的心脏。那个性情高傲暴烈的太阳顿时化作一只金乌，从最南方的天空中坠落下来。一个太阳死去了。

羿本以为射杀一个太阳会引起其他太阳的醒悟，然而并没有，他们还是在天空无所顾忌地发光发热，以把人命玩弄于股掌之间为乐。连手足之死他们都无动于衷，似乎比较和炫耀才是他们之间最深切的连接。

羿对太阳已经不抱任何幻想，他又接连抽出八支弓箭，全神贯注地瞄准、射击。不多时，八只金乌纷纷从天而降，有的落在黄河边，有的落在长江上，有的落在昆仑山，有的落在华山。

此后，天地间的温度也恢复正常，有些热得昏迷的人慢慢苏醒过来，他们在这场可怕的热浪中幸存下来。

最后一个太阳看到兄弟们接连死去，这才幡然醒悟，跪地求饶。羿本想连他也射杀，但想到帝俊的叮咛，他心软了。他放下了手里的弓箭，留下了最后一个太阳为人间提供温暖和光明。慢慢地，大地恢复生机，万物复苏。人们欢呼，跳跃，流下热泪，庆祝着这珍贵的胜利。

然而，拯救了天下苍生的羿却无法再回到天庭。帝俊虽然派羿去教训十个太阳，但听到九个太阳惨死，作为父亲的他还是十分恼怒和悲痛，便把羿贬下人间。

经历了这场巨大的浩劫，人们深知生之可贵。他们内心充满对羿的敬佩和感激之情，称他为"仁羿"。仁羿的英勇和正义事迹被广为流传，从古至今，影响了很多人，给人无限勇气和战胜邪恶的力量。

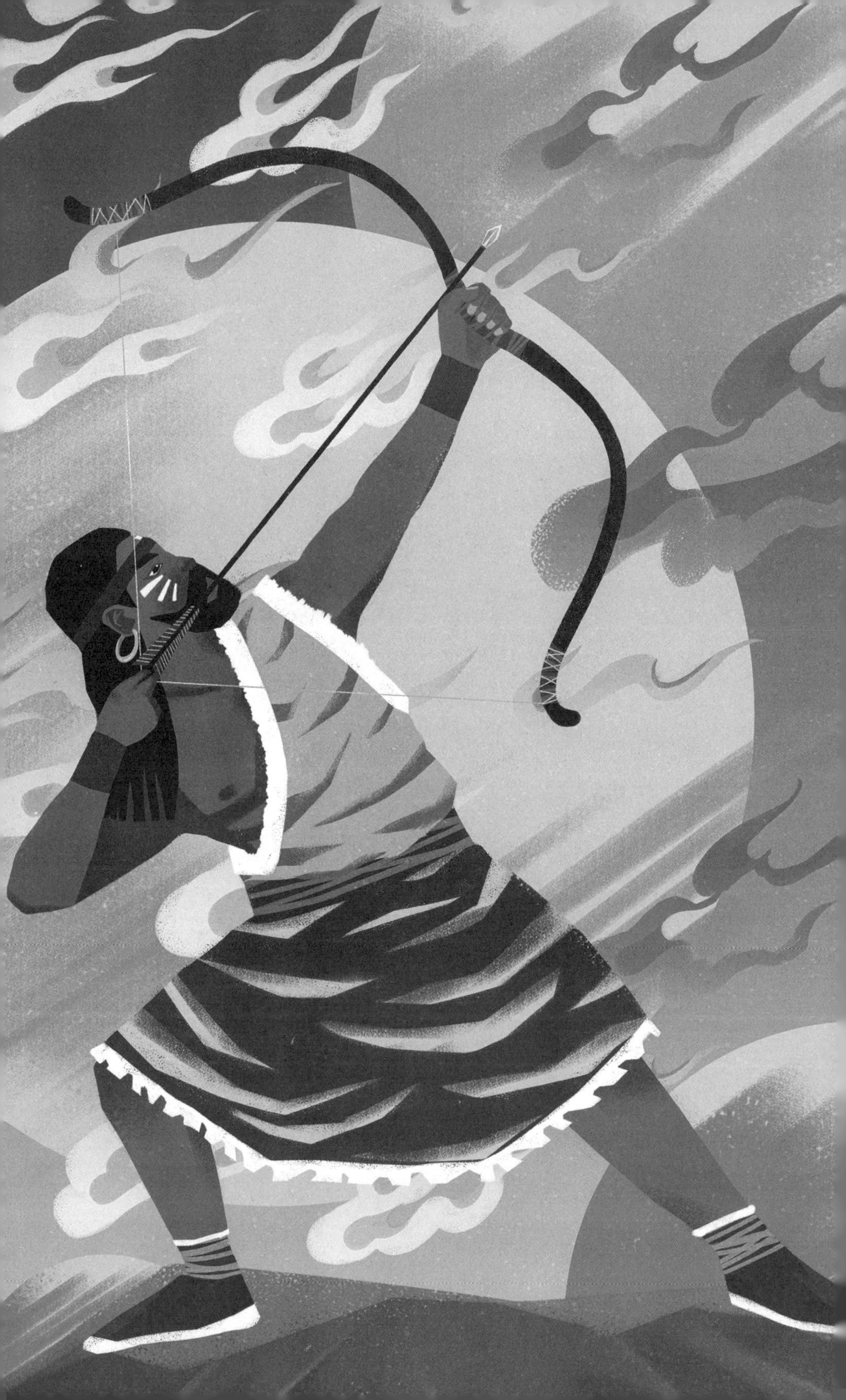

观山海

现存版本的《山海经》中没有关于"羿射九日"的直接记载，只提到帝俊赐给了羿弓箭，羿射杀了凿齿。但《楚辞·天问》中已有"羿焉彃日？乌焉解羽？"的诗句，后来流传的诸多文献中也有类似记载。唐代以后，羿和夏代有穷氏首领后羿的故事逐渐融为一体，人们逐渐开始称羿为"后羿"。

鲧盗息壤

远古时期，洪水泛滥是非常常见的事情。那时灾情相当严重，一场洪水就能把房屋和庄稼都给摧毁了，很多人被无情的洪水卷走。幸存的人们无处可逃，只好躲到山上去。可是山上没有吃的，因此很多人饿死在山野上。

天帝黄帝的孙子鲧（gǔn）看到人间这般景象，义不容辞地接受了治水的重任。他虽然心中深知治水任务非常棘手，可是眼睁睁看着百姓们接连因洪水丧生，实在于心不忍。就这样，鲧踏上了艰难的治水之路。

鲧先采用堵截法。他从山上推石头下去，试图用石头堆砌围墙，再在缝隙填塞黄泥、草根，用以拦截洪水。可是再怎么拦截，始终跟不上洪水袭来的速度。人们说洪水是猛兽，丝毫不是夸张。

鲧看着水中漂浮的破衣烂衫、树根草茎、庄稼果苗，忧心如焚。能想到的办法，已经试过了，可是在洪水面前依旧束手无策。因洪水无家可归的人越来越多，洪水肆虐的区域越来越广，洪水给人间带来的灾难越来越重，鲧的内心仿佛压着一块千斤重的石头。

他开始思来想去，试图找到破解之法。连续三天三夜，鲧都没有合眼。他知道每分每秒都有人丧生，他只想争分夺秒，只想早日治理好洪水。毕竟他已经在治理洪水中，度过了人生中备受煎熬的九年。

终于功夫不负有心人，他突然想到天帝的宝贝——息壤。传说息壤是一种神奇的土壤，能自生自长、永不减耗。鲧一拍脑袋，自言自语道："终于找到破解之法了！"

可是天帝对息壤视若珍宝，将它藏在秘密行宫里，拿到并非易事。鲧多方打听，确认了息壤所在之地，即青要山。青要山是天帝在人间的秘密行宫，天帝不定时会前往青要山，有时三五天就去一次，有时三年五载也未必去一次。

鲧挑选了最得力的三名属下，和自己一起前往天帝的秘密行宫。一路跋山涉水，费尽周折，终于到了天帝在人间的行宫门口。庄严的屋宇大门紧闭，周围绿竹掩映，仙气缥缈，气势森严。三只仙鹤看守庭院，闲庭信步，不知人间几何。

鲧知道，如果惊动仙鹤，势必会招来天兵天将；被缠身于此，只会浪费大好时机。如果天帝心怀苍生，也不会坐视人间疾苦不理，现在不应该再对他心怀期待。一个主意在鲧内心萌发，他悄悄和三名部下商议取息壤的办法。

只见三名部下分别在东、西、南三个方向闹出动静，吸引三只仙鹤注意，仙鹤就分头朝三个方向察看。这时鲧偷偷从北面翻墙而入。他在天帝的隐秘行宫的青铜鼎中找到了息壤。他用包袱装了一捧又一捧息壤，直到再也装不下了，才系好包袱，背在背上，随后悄悄翻出墙。三名部下预估着时间，来到青要山山脚下，和鲧会合。

鲧在江河决堤之处，撒一捧息壤。只见息壤像春雨后的新笋一样，肉眼可见地越来越高，越来越宽，像一座座山脉，又似高高的城墙。不多久，大地上肆虐的洪水就被成功阻拦。许多人因为息壤的堵截而幸存下来。他们怀着感激之情，心中十分敬佩治水英雄鲧。

然而，天帝得知息壤被盗的消息后勃然大怒，认为鲧严重触犯了天条，损害了自己作为天帝的威严。他大手一挥，将鲧费尽周折撒在洪水泛滥之地的息壤全部收回。好不容易控制住的洪水，再次像野兽般奔向本已残破不堪的人间。

天帝诏令火神祝融，前去诛杀对自己大不敬的鲧。祝融领命前往找到鲧。

祝融大吼道："鲧，你可知错？"

鲧十分镇定，并不惧怕。他知道自己没有做错什么，错的是天道，天不让人活。

他冷静地回答道："鲧，何错之有？"

祝融见鲧仍然死不悔改，愤而拿起火印杀

死了鲧。这位兢兢业业、为黎民百姓治水九年的英雄——鲧倒下了，倒在了羽山的郊外。据说那里是太阳快落山的地方。

然而神奇的是，鲧死后尸体三年不腐烂。祝融见此情景，剖开了鲧的腹部。鲧的肚子里瞬间飞出一条黄龙，这条黄龙就是禹。

禹继承了父亲的遗志，把治水作为自己终身的事业。这是为了黎民百姓，更是为了心中那一份对父亲的敬佩和感念。最终通过十三年的努力，禹完成了父亲的夙愿。洪水治理好了，人间恢复往日的秩序，百姓们过上了安居乐业的生活。禹深深地知道，这结果就是对父亲在天之灵的最好告慰。

观山海

《山海经·海内经》载："洪水滔天。鲧窃帝之息壤以堙（yīn）洪水，不待帝命。帝令祝融杀鲧于羽郊。"根据《山海经》的说法，鲧不是死于治水不利，而是死于偷盗息壤。所以屈原在《离骚》中也发出了"鲧婞直以亡身兮，终然夭乎羽之野"的感叹，为鲧的耿直牺牲而感到悲伤。鲧心系百姓，敢于偷盗息壤、得罪天帝的勇敢、无私形象一直留存于人们心中。

大禹治水

鲧为了治理洪水盗取息壤，惹怒了天帝，最终死在祝融的火印之下。鲧虽然死了，但他腹中孕育的孩子——禹，顺利出生了。

天帝收回息壤后，洪水再次在人间肆虐。鲧之前采取的堵截法只能在短时间内缓解部分区域的水灾，但造成了更大范围的洪水泛滥。看着人间百姓饱受洪水之苦，天帝也于心不忍，授予禹治水的任务。

禹想到父亲鲧未竟的事业，开始反思鲧采用堵截法的不足，决心带着自己组建的队伍，深入各地勘察地形、地貌和水患严重程度，并一一记录在册。勘察的条件很艰苦，禹的皮肤被晒得黝黑，手上磨起了厚厚的茧，衣服被树枝刮破了，手上一道又一道裂纹。但他毫不在意，似乎这些并不重要。

他们在勘察过的地方做好标记，以免遗漏某些地方。他们发现不同地方情况很不一样，也明白因地制宜才是正确的方法。

等各地情况勘察完了，禹就开始了缜密的治水计划，为具体地点制订适合当地的治水方略。他采用修堤建坝和水道疏通双管齐下的方式治水。修建堤坝是为了控制河道的水位，避免洪水漫过堤坝；同时，有些地方开始疏浚河道，清除河床的淤泥和杂草等物，让河道恢复原有深度，加快水的流速，增强河道通航和排泄洪水的能力，让河道能够正常运行。禹的行动引起了很多有志青年的注意，他们纷纷自觉加入治水的行列中。治水的队伍越来越大，士气高昂。

治水之路本来还算顺利，可这天禹碰到了一个难题。黄河中游的龙门山，地质构造相当复杂，地势险要，仿佛一块巨型盾牌，拦住了黄河水的去路。这种情况给当地百姓带来接连不断的灾难，每逢汛期黄河水流量变大，就不断有房屋被淹没，甚至被冲走。看着眼前的大山，禹心中颇感惆怅。这可怎么办？

他沉思了许久，明白只有凿开大山，让黄河之水畅通流过，才能解决眼前的困境。工程格外艰难，有些人望而却步，有些人产生动摇，有些人内心坚定，这些禹都看在眼里。

他面向治水队伍，慷慨地说道："兄弟们，我感念你们远离妻儿父母，跟随我跋山涉水，治理水患。队伍已经非常庞大，已经取得了不少的成绩，你们对得起父老乡亲。今天龙门山就在眼前，我知道这是一件很难的差事。如果你们想回家和父母妻儿团聚，我也不说一个不字。请你们三思，我尊重你们的决定。"

不少人流下了眼泪，泪眼婆娑中，似乎看到了年迈的父母在村口翘首盼望的身影，似乎看到了嗷嗷待哺的幼儿蹒跚学步的憨态，似乎看到了新婚妻子以泪洗面的样子。实在是于心不忍啊，实在是太苦了，实在是太艰难了。

一小部分人，含泪和禹告别，向一起拼搏

作战的队友们挥手，往家乡的方向走去。更多的人，内心更坚定了，他们跟着禹一路走来，已经解决了一处又一处水患。眼前的龙门山，虽然庞大艰险，不好对付，但只要有禹在，他们深信一定能够攻克。

禹不想家吗？当然不是，他非常思念妻儿。治水的时候，他曾经三次路过家门口。每次听见屋子里传来儿子的哭声，他都心痛不已，但还是强忍着离开了。因为他想到还有百姓深受洪水的困扰，便一刻也不敢停歇。

艰巨的开凿龙门山的任务开始了，禹领导人们用铁锤和凿子，锤击巨石，此起彼伏的锤击声在山间响起。他们唱着歌，以此给彼此力量。

这是一个长期工程，其过程有十二分的艰辛。但禹和留下来的人们坚持不懈。几年过去了，当时让很多人望而却步的龙门山，从中间被凿开，左右两边的山崖如同两堵直插云霄的门。黄河水从凿开处流过去，不多久，龙门山一带的水患缓解了。禹和人们喜出望外，他们知道连最艰难的龙门山问题都解决了，还有什么害怕的呢？巨大的成功的喜悦和让人无比振奋的希望，充满着这群人的内心，那种激动已经无以言表。

在治水过程中，有时候会遇到突发情况，不过此时禹已经经验丰富，组织人员进行抢救不是什么难事。为了更快地解决问题，他有时候不断更新、调整方案，局面慢慢在往好的方向发展。

转眼间十三年过去了，当初滔天的洪水终于渐渐平息，沿着堤坝、沿着水中小洲缓缓向前流去。禹终于治理好了肆虐的洪水——给人们带来苦难的洪水。

人们敬仰这位治水的英雄，尊称他为"大禹"。据说，舜帝也被禹的治水事迹感动，主动把帝位禅让给了禹，百姓们也拥戴禹。禹死后，他的儿子启即位。启确立了君主世袭制度，建立了中国历史上的第一个王朝——夏朝。

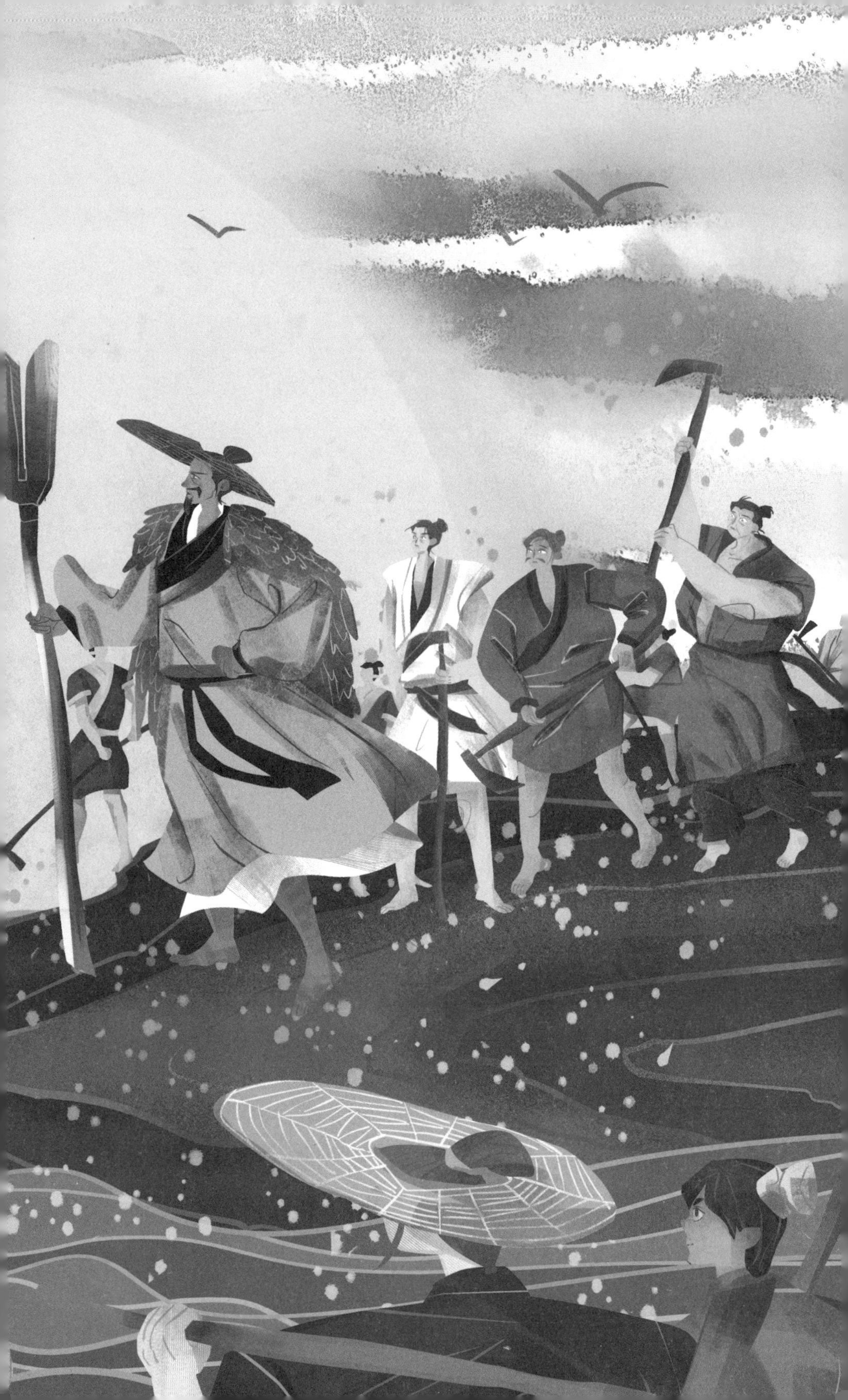

观山海

《山海经·海内经》载:"帝乃命禹卒布土,以定九州。"意思是说,禹不仅率领百姓治理了洪水,还划分了九州。关于"九州"的说法众说纷纭,《尚书·禹贡》中说是"冀州、兖州、青州、徐州、扬州、荆州、豫州、梁州、雍州";《尔雅·释地》中有幽州与营州,没有青州和梁州;《周礼·夏官》中有幽州与并州,没有徐州和梁州。"九州"的具体所指虽然不完全一样,但后人都用"九州"来代指中国。"禹定九州"事实上就是重建了人间秩序,初创了"国家"形态。

有易族人杀王亥

在东海的岛屿上,有个因民国。因民国人姓勾,他们吃黍谷充饥。因民国里有个人叫王亥,他是商部落的首领。传说他双手抓着一只鸟,喜欢吃鸟头。

作为部落首领,王亥摒弃高高在上的傲慢,有一种亲民勤政的风范。他经常前往农田、原野、森林,探访百姓的生活,观察野生动物。他经常陷入深深的思考,当他看到人们为了一年的口粮累得青筋暴起、汗流浃背,甚至肩背上皮开肉绽时,心里涌起一阵心酸。他站在百姓之中,有时与他们同吃同住,耐心倾听他们的苦恼。

有一天,王亥在野外看到野牛、野马狂奔不知疲倦,一下子有了好主意。为何不驯服、饲养野牛野马为人所用呢？野牛野马那些力气如果用在农耕上，百姓们是不是就不会那么累了？想到这里，王亥十分欣喜。

他开始组织民众训练、饲养野牛、野马，百姓们耐心地与这些牲畜建立信任，因为它们本身攻击性弱，体力也好。不久以后，野牛就成为耕牛，提高了生产效率；而野马成为交通工具，方便了人们出行。野牛和野马的驯服和使用，极大地改变了百姓们的生活，当他们从繁重的耕种和漫长的跋涉中稍微解脱出来时，都在念着王亥的好，说他聪明，体恤子民。

在王亥的带领下，商部落的生活越来越富庶，牛羊也有盈余。于是，王亥就想：是不是可以拿这些多余的牛羊去其他部落换一些其他的食物和物品？他和弟弟王恒商量了一下，决定先去邻近的有易族部落换一些谷物。

王亥和王恒带着部分族人和牛羊，渡过黄河来到了有易族人的部落。他把他的牛羊托付给了水神河伯和有易族人的首领，并希望交换到一些谷物。有易族人的首领表面上答应了下来，用美酒佳肴款待了王亥和族人，让他们先在有易族部落住一宿，有易族人要准备一下。

王亥酒过三巡有点微醺，便在有易族的帐篷里睡下了。有易族人趁王亥放下了戒备，便偷偷潜入王亥的帐篷，举起斧头，砍断了他的头，将他的两只手、两条腿、胸和牙齿全部砍下，扔在不同的地方。王亥死后，有易族人偷偷跑去牛栏，偷走了王亥的牛羊，准备逃走。

王亥的族人听到声响，走出帐篷察看，只见有易族人带着牛羊仓皇而逃。王亥的族人奋起直追。双方在黄河边打了起来。王亥的族人不敌有易族人。有易族人看王亥的族人已经狼狈不堪，便准备赶快乘渡船逃走。他们向水神河伯求助。水神河伯念及旧情，便应允了下来，帮助有易族人渡过了黄河。有易族人到了黄河对岸，建立了摇民国。

受伤的王亥族人见有易族人坐船远去，懊悔不已，急得在岸上直跺脚，但也于事无补。他们回到王亥的帐篷，却发现空无一人。他们四处寻找，最后在各处找到王亥的头、手、腿和牙齿。弟弟王恒也受了伤，看到兄长被分尸、身首异处，心痛不已。他们将爱戴的首领的遗体整理好，运回了部落。

王亥的儿子上甲微[①]看到父亲的遗体，既悲痛又恼怒，发誓要为父亲报仇。但看到族人伤亡惨重，只能先偃旗息鼓、养精蓄锐。

四年后，上甲微重整兵马，准备出兵有易族，为父报仇。水神河伯当年为一念之差放走有易族感到愧疚，便也来相助上甲微渡河。最后，养兵千日的上甲微一举歼灭了有易族部落，报了杀父之仇。

观山海

据《山海经》记载，王亥是商部落首领，他非常注重农业发展。他驯服野牛，开始使用牛车这种运输工具，使商部落出行更加便利。他积极开展商业贸易活动，促进商部落与其他部落经济

[①] 也有学者说是王恒的儿子、王亥的侄子。

交流和发展,因而被尊称为"华商始祖"。商朝建立后,王亥被追尊为商高祖。后来,人们把从事贸易活动的人称为"商人",用于交换的物品称为"商品",以买卖方式使商品流通的经济活动称为"商业"。

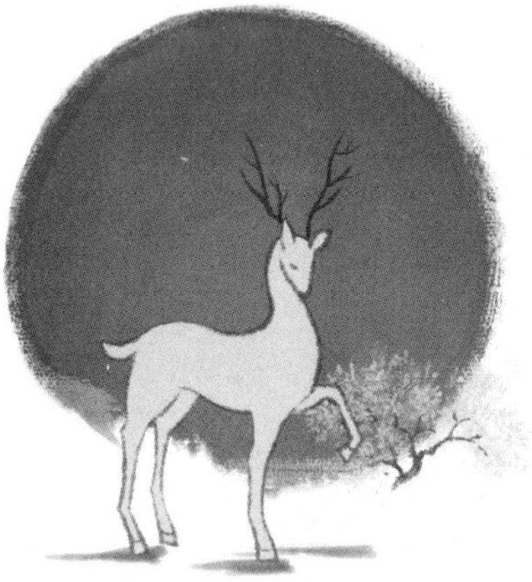

奇树异兽

精卫填海

传闻，炎帝神农有一个小女儿叫女娃，从小被父母捧在手心，被兄弟姐妹疼爱，养成了一种娇憨可爱的性格。她总是一副快乐无忧的模样，穿着红色的衣服到处游历。人们总是能听到她欢快的笑声。不仅如此，她还继承了父亲炎帝身上的执着和坚定，不管做什么事情都认认真真，认定的事情也不轻易更改。大家都说这个小女儿，是世间最好最快乐最特别的女子，虽然她年纪不大，可是那种气度和天性，让人格外欣赏和喜欢。

女娃热爱山川河流，向往星辰大海，可是却鲜有机会出门远行。因为她的父母兄弟实在太过繁忙，又不放心女娃独自出门，所以总是让她待在家里。可是随着一天天长大，她对外面世界的渴望越来越强烈。终于有一天，她再也忍不住了，就趁着父母兄弟不注意，溜了出去，去到了东海边。

第一次见到大海的女娃兴奋极了，她感到了一种前所未有的自由。她在海边嬉戏、唱歌，看海鸟在辽阔无际的大海上盘旋，听海风在耳畔呼唤。她在海边玩了一会，还觉得不够尽兴，看见岸边有一条小船，便划船去海里玩玩。

女娃在海里自由自在地划着船儿、唱着歌儿，看着鱼儿时不时从海面飞跃而出，时不时又在海里欢乐地游着。第一次见到大海的她对海里的任何事物都感到新奇。

可是天有不测风云。突然，海上狂风大作，电闪雷鸣，暴雨倾盆。本来平静温柔的大海也像换了一副面孔一般，顿时波涛汹涌起来。女娃奋力地往岸边划着小船，可是小船跟大海比起来不过沧海一粟。女娃划船的速度根本比不上海浪席卷的频率。没一会儿，小船便被海浪打翻了，女娃也登时被海水淹没。

不熟悉水性的女娃试图挣扎出海面呼救，可是还没等她张开嘴，又一排海浪翻涌而至，瞬时淹没了她。女娃抗争许久，没了力气，渐渐沉入海底。

狂风呼号了一阵终于停止，海浪也渐渐平息。但风平浪静之后的海面上只剩下一叶孤舟，舟上的女娃早已不见踪影。

炎帝听闻消息悲痛万分，这可是他最疼爱的小女儿啊。可是当他知道消息时已经为时已晚，任凭他法力无边，也救不回心爱的女儿。女娃的母亲、兄弟姐妹也很难接受这个现实，纷纷以泪洗面。那么可爱的女孩，竟然丧生东海。

无法接受现实的还有女娃自己。她死后，含屈的灵魂化为一只鸟，每天在东海上空盘旋，"精卫！精卫！"地叫着，因而得名"精卫"。

精卫看着自己的样子，看着父母亲哭红的双眼，看着兄弟姐妹憔悴的面容，内心的不平之气愈加浓烈。她不甘心自己年轻的生命就这样逝去，她还没有好好享受自由。

她决心填平东海。这对于一只鸟来说，是

何等艰巨的任务。可是精卫明白，也深信自己绝对能够做到。她从北边二百里的发鸠山上，衔来石子和柘树的树枝投进大海。她似乎不知疲倦，每天每天，日日夜夜，岁岁年年，始终重复着同一个动作。

近处的石子和树枝衔完了，就去更远的地方。无论刮风下雨，不管天寒地冻，她要做的事情只有一件：填平东海。她的羽毛失去光泽，她的嗓音沙哑，她的身体变得苍老而疲惫，她还是一如既往。在东海边上，人们总是看到一只鸟儿，重复着同一个动作。

似乎胸中的不平之气让她比别的鸟儿寿命更长，谁也不知道她到底花了多少年，到底劳作了多少个日夜，到底衔了多少次石子和树枝。

精卫夜以继日的填海行为感动了海燕，海燕也去帮助精卫一起衔来石头和树枝。他们结为夫妻，生了许多小鸟，雄的像海燕，雌的像精卫。孩子们也和他们一起，岁岁年年，衔石填海……

观山海

精卫填海出自《山海经·北山经》。精卫坚忍执着的形象,反映了古人对于生命的珍视,象征着一种对生命的捍卫、对强权的抗争。后来的人们也称精卫为"誓鸟""志鸟"。

巴蛇吞象

很久很久以前，洞庭湖一带居住着一只小巴蛇，身子是黑色的，脑袋是青色的。它虽然小，可是心高气傲，认为自己的能力是可以随着时间的推移慢慢增长的。事实也的确如此。它最开始吞吃蜻蜓、青蛙，后来捕食老鼠、山鸡，到后来就诱杀兔子、野狼。吃了这些动物的巴蛇不仅渐渐长成了一条长八百尺的巨蛇，而且野心逐渐膨胀，觉得自己无所不能。

有一天，它扭动着身子来到原始丛林，看到一群大象在吃草。后来有一只大象离群了，野心勃勃的巴蛇决定选取这只大象作为目标。它张开嘴巴，练习一下，准备吞下大象。试了好几次，感觉还是有些难度，嘴角已经撕裂，渗出血来。

但大象近在眼前，此时放弃岂不可惜？巴蛇心想。于是，它把心一横，决定一口气吞了那只大象。巴蛇步步逼近，大象丝毫未觉。突然大象看到地上出现一条细长的身影，它还没来得及转身，便已经被巴蛇吞入口中。吞食了大象的巴蛇只觉得一阵眩晕，它不知道自己是怎么吞下大象的，现在只感到嘴角有撕裂的剧痛，腹部高高隆起像一座山。巴蛇一会儿前腹隆起，一会儿后腹胀痛，它感觉大象的牙齿就快把它的腹部戳穿、大象的四肢马上就要将它的腹部撑破。它站不起来，动弹不得，不断发出痛苦的呻吟。它有些后悔这个莽撞的举动，可是内心仍不愿承认自己错误的决定，也无法再将大象吐出。

巴蛇就这么躺在洞庭湖畔，顶着那高山般隆起的腹部。它已经习惯了那种胀痛感，变得很安静。它其实有一些怀念从前那个轻盈的自己，那个到处转悠、到处活蹦乱跳的小巴蛇。可眼前的巨型食物，绝不是短时间能消耗完的。

那就等吧,那就耗吧,那就这样吧。

时间一天天过去了,一年后巴蛇的腹部平了很多,像一座小山了。两年后,巴蛇的腹部又平缓了许多,像一片丘陵。三年过去了,巴蛇的腹部变成了平原,至此它算是全部消化了一头大象。直到吐出象骨,它用了整整三年的时间。

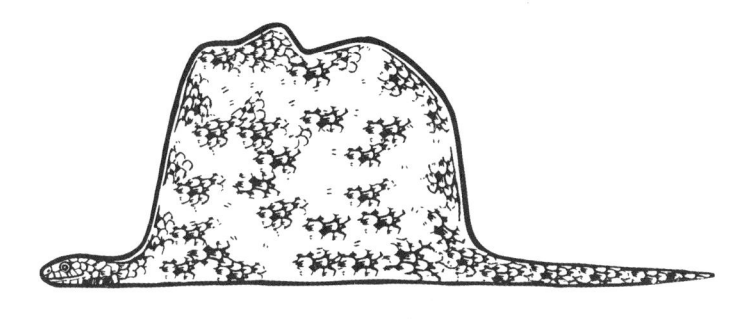

巴蛇吞象

虽然经历了三年的痛苦,但好了伤疤忘了疼,巴蛇似乎一点儿也没从中汲取教训。它不仅不认为自己做错了,反而觉得吞食了大象的自己变得更加强大了。

它的欲望越发膨胀,开始做更具挑战的事:既然大象不在话下,为什么不试试人呢?毕竟人比大象小得多。贪心的巴蛇,开始在洞庭一带残害人命,造成了非常恶劣的影响。人们对它深恶痛绝，认为它已经危害到自己的家庭和部族了。

巴蛇丝毫没有节制，把人命当儿戏，把吞杀他人当作自己优秀的证明，实在是丧心病狂。洞庭一带，死去的人越来越多，甚至有人开始迁徙，他们不忍再看家人受害。巴蛇的恶行已经传到天帝的耳中，天帝勃然大怒："竟有这样为非作歹的恶蛇，非斩杀不可。"

天帝派羿前往洞庭一带捕杀巴蛇。但巴蛇并未意识到危险的来临。它吐出信子，正准备吞食一个走夜路的人，而且似乎胜券在握。谁知螳螂捕蝉黄雀在后，羿拔出弓箭，拉满弓，对着巴蛇的七寸射去。巴蛇顿时倒地，不多久就死去了。

人们痛恨巴蛇，就用剑把它的身体斩为多段，把它的肉分着吃了，把它的骨架扔在了荒野之中。神奇的事情发生了，吃了巴蛇肉的人自此之后再也没有得过心疼或肚子疼的疾病。而据说，巴蛇的骨架经过多年的风化，变成了一座山丘，被人们称为巴陵。

观山海

"巴蛇吞象"的故事被记录在《山海经·海内南经》中，反映了古人对自然力量的敬畏，还告诫人们不要贪婪过头，要有分寸，凡事过犹不及。后来人们据此创造了"人心不足蛇吞象""贪心不足蛇吞象"等俗语，借此比喻人的贪得无厌。

扶桑树与十个太阳

在浩瀚无垠的大荒之中、东海之外,黑齿国的北边,有一座名为孽摇頵(jūn)羝(dī)的奇山。它雄伟无比,高耸入云,气势磅礴,似乎是天地间的脊柱。话说在孽摇頵羝最高处,生长着一棵扶桑树。它高三百里,叶子就如芥菜叶子一般,需要一千多个人手拉手才能将它合抱。它充满灵性。

在扶桑树的绿荫之下,有一个山谷,里面盛满滚烫的热水,人们称其为汤(yáng)谷。羲和和十个太阳就居住于此。羲和很了解她的孩子,深知十个太阳一起升上天空会给人间带来无法忍受的炎热,所以她给太阳们立下了规矩,每天只能有一个太阳从扶桑树的枝头出发,前往东方，其余的九个太阳只能在扶桑树的树荫下休息。

羲和会在前一天晚上去汤谷里给十个太阳洗澡，十个太阳在汤谷里愉快地玩耍。洗澡完毕之后，九个太阳就会在扶桑树下睡觉休息，而第二日当值的那个太阳就被金光闪闪的乌鸦搭载着，飞到扶桑树的枝头休息。第二天一早，羲和会爬上枝头叫当值的太阳起床，驾着六条神龙拉的车子护送当值的太阳前往东方。十个太阳轮流升上天空，人间百姓在太阳从东方升起时起床，开始一天的劳作；每天晚上，轮值结束的太阳便回到扶桑树的枝头，百姓们便扛着锄头回家。日日如此，天界和人间都保持着一种有序的宁静祥和。

可是随着时间的推移，太阳们一天天长大，他们开始对规律的生活感到厌倦。终于有一天他们忍不住了，决定一起偷偷升上天空。他们制造的高温和强光，给人间带来了巨大的灾难。长期的炙烤，让河流干涸。有的人由于长期喝不到水而死去；有的人因为太过炎热倒在了路边……

与太阳们日夜做伴的扶桑树看见人间的惨状，十分痛心。他想等太阳们回来劝说一下，可贪玩的太阳们一直没有回家。他只是一棵扶桑树，走不得，飞不了，无能为力。这是最无奈的事啊。这世间万事万物都有其局限性啊！

一天，炎热和光明突然消失了，取而代之的是寒冷和黑暗。在黑暗中，扶桑树听到偷偷抽泣的声音。他问道："是小十吗？你什么时候回来的？"

"是我啊，扶桑兄，昨天就回来了。"小十边哽咽边回答。

"小十，你的哥哥们呢？怎么没回来？"扶桑树接着问。

"扶桑兄，我的哥哥们，再也不会回来了。我们闯祸了，给人间带去了巨大的灾难。羿已经射杀了我的九个哥哥。唯独留下了我。"小十万分难过地说道。

"小十，你还好吗？听到这个消息我真的很难过。"扶桑安慰道。

"扶桑兄，我想自己待着，请莫再为我忧虑了。"小十万念俱灰地回答道。

"不不不，小十，请你一定要相信自己的实力。要继续发光，不可消沉下去。"扶桑树语重心长地安慰道。他知道太阳小十此时的痛苦，但还是说出了自己内心最真切的想法。

一天又一天，黑暗和寒冷依旧笼罩着人间。扶桑树知道小十还是没有从失去兄长的痛苦中恢复过来。如果再这样下去，后果不堪设想，不管是对小十，还是对天下苍生而言。他决定想想办法，鼓励小十继续值守天空，继续发光发热；

扶桑树抖动自己全部的枝叶，发出沙沙声，他的叶子像羽毛一样轻抚小十。此时的小十只是一只活在恐惧和死亡阴影中的金乌，一只脆弱的鸟儿。沉睡的小十渐渐苏醒过来。

"小十，你醒了吗？"扶桑温和地问道。

"是的，我醒了。谢谢你的安慰啊。"小十的状态似乎比之前好了很多。

"小十啊，虽然你之前犯过错，给人间带去了浩劫，可是也给过人间温暖和生机啊。不要因为一件事，就否定自己的全部。"

"我……我真的……我真的很难过"小十哽咽道。

"我知道的小十，你为犯的错自责，你为失去兄长痛苦，可眼前困住你的其实是恐惧啊！"扶桑循循善诱地说道。

"是吗？我的确很是惶恐……"小十似乎恍然大悟。

扶桑树轻轻抖动枝叶，抚摸小十的羽毛，轻轻说道："小十，你知道吗？我最佩服的就是你了。"

"为什么呀？我有什么值得佩服的呢？"小十深感疑惑，毕竟此时他最缺少信心。

"原因太多了。小十，你天生注定不凡，身为帝俊的孩子，拥有无穷无尽的光明和热量，你给人间带去希望，带去一次又一次丰收。你啊，前途无量！你啊，能够飞翔！你啊你啊，你的闪光点多得数不完啊！"扶桑十分真诚地回答小十。

"扶桑兄，你，你真的……你的话真的让我

汗颜。我本该做得更好的……"小十，用翅膀挠挠脑袋，内心涌现久违的喜悦，也有些不好意思。

"不不不，小十，你就是这么好。请不要浪费你的天赋，好好完成自己的使命吧。光是做你的邻居，我都感到非常荣幸和自豪呢！快做回勇敢的小十吧！"扶桑充满自豪地说道。

"扶桑兄，谢谢你，我的确该走出汤谷了。"小十认真回答道。

"新的一天，太阳兄弟安好！"扶桑树说出了那句说了无数遍的问候。只是这一次，他略感酸涩，说得也更加真切。

"扶桑兄，同好！"小十这次说得比以往任何一次都铿锵有力。

这仅剩的一颗太阳，重新回到了他本该在的位置。人间恢复了光明和温热，山花重新绽放，绿树枝叶葳蕤。看着眼前的大好河山，扶桑树露出了愉悦的笑容。这一次，他觉得温暖的阳光如此美丽、如此美好。他抖动枝叶，内心对这个世界充满了热爱和感激。

观山海

《山海经》中有两处记载了扶桑树，一是《海外东经》中说"下有汤谷。汤谷上有扶桑，十日所浴，在黑齿北。居水中，有大木，九日居下枝，一日居上枝"，二是《大荒东经》中说"大荒之中，有山名曰孽摇頵羝。上有扶木，柱三百里，其叶如芥。有谷曰温源谷。汤谷上有扶木，一日方至，一日方出，皆载于乌"。20世纪80年代，三星堆二号祭祀坑出土的1号青铜神树被认为是传说中的扶桑树。对照原文、查找资料看一看，二者有何异同？

三星堆青铜神树

天梯建木与伏羲

远古时候，洪水等各种自然灾害频发，人们面临着各种不确定性，感到非常恐慌。他们希望上天能够给出一些征兆提示，对未来进行预测，减少灾害、疾病等的发生。但他们没有办法能够上天。

这时候，一个叫伏羲的人出现了。他的降生十分神奇，据说他的母亲华胥氏有一天走到一个叫雷泽的地方，不小心踩到了一个脚印，便怀孕了，后来便生下了一个孩子。这个孩子就是伏羲。

长大后的伏羲看到人们深受各种灾害的困扰，便想寻求沟通天地的办法。他四处寻找，终于在一处叫都广的神奇旷野上发现了能沟通天地的建木。这片叫都广的神奇旷野位于西南边黑水流过的地方，据说那是天地的中心。都广之野疆域辽阔，方圆有三百里。在这里，菽、稻、黍、稷等各种谷类都能够自然生长，冬季和夏季都能播种；灵兽树等各种草木都能在这自由生长，不会枯萎；各种鸟儿在空中自由盘旋，各种野兽在旷野自由奔跑，和谐相处。据说，农神后稷死后就埋葬在这，神女素女也经常在这游玩。

而沟通天地的建木就生长在都广之野的陶唐、叔得、孟盈、昆吾、黑白、赤望、参卫、武夫、神民九座被水围绕的山丘上。建木有灵性，充满神奇的力量。它的叶片呈青色，像芒树叶；枝干是紫色的，花朵是黑色的，果实是黄色的，像麻子。它高得像一座巍峨的大山，直插云霄，可是没有树枝。树顶长着多个弯曲的地方，有多个盘根错节的树根，十分奇怪。

伏羲顺着建木内部盘根错节的道路前行，中间三番五次迷路。他发明了火照亮前行的路，并用石子做记号，以便记住前行方向，避免重复，避免多走弯路。经过几次努力，他找到了最快通达建木顶端的道路。

伏羲到达建木顶端，看到满天星辰纵横交织，就想到了自己在人间发明的渔网。但满天星辰还会旋转移动，他一时之间还参不透其中的奥秘，只是记录下了一些星辰的分布，便又顺着建木回到了人间。回到人间后的伏羲摊开自己的记录，仔细研究。实在想不出来答案时便通过建木去到天界观察，如此往复了无数次。

终于有一天，正当伏羲苦苦思索不得其法时，黄河之中突然跑出了一只怪物，它似龙又像马，人们便给它取名为"龙马"。伏羲看到龙马的背上也有各种奇奇怪怪的点线图案，他仔细一看，发现这与自己平日所观察的日月星辰等天象十分相似。于是，他结合自己的观察，临摹龙马背上的图案，创制出了八卦。八卦中的每一卦形都代表一种事物：乾代表天，坤代表地，巽（xùn）代表风，震代表雷，坎代表水，离代表火，艮（gèn）代表山，兑代表泽。伏羲觉得不可思议，他日日上下于天地之间，苦心研究，终于明白了其中的玄妙。

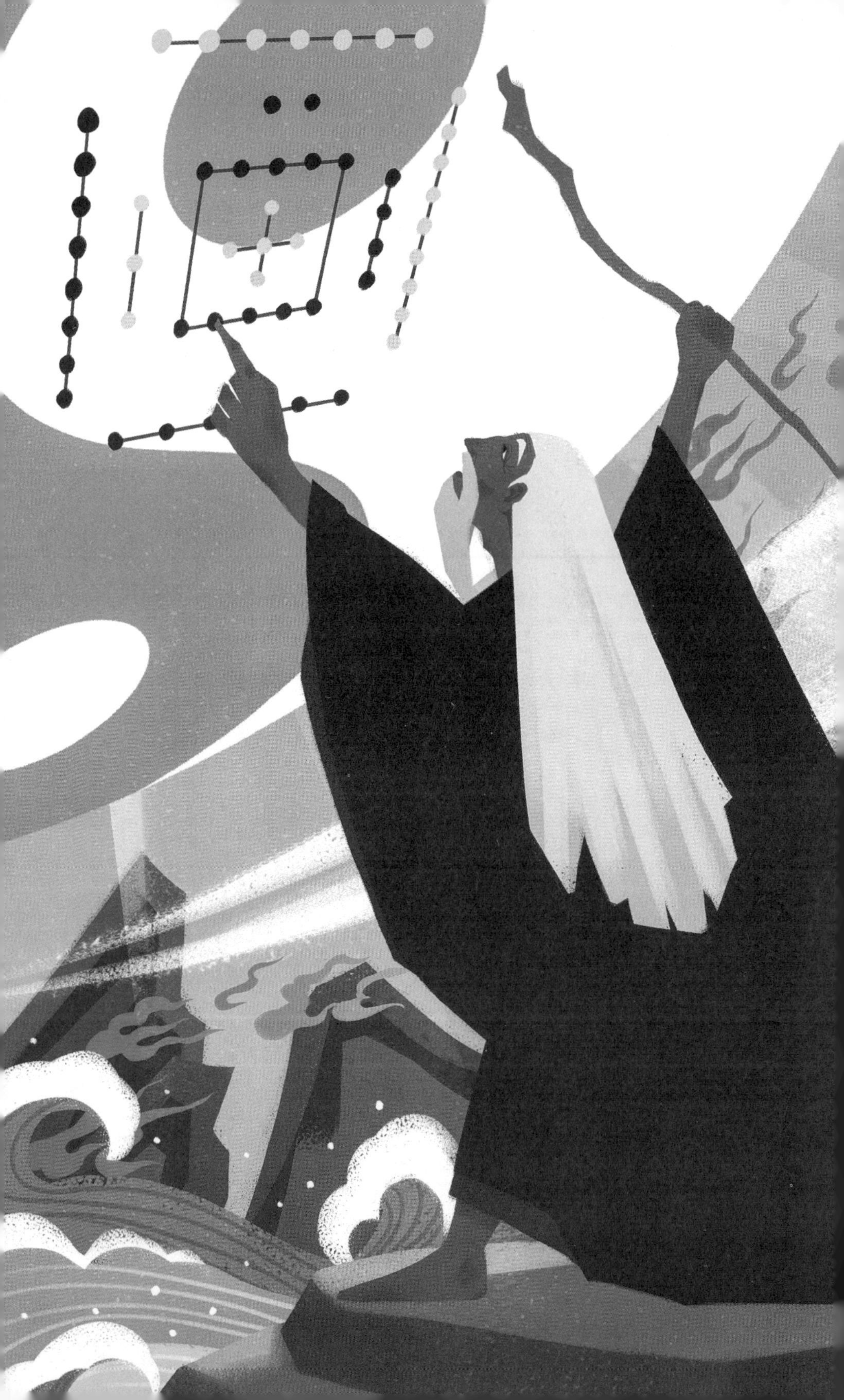

很多人得知伏羲发明了八卦之后都前来问道，但一一被伏羲回绝。伏羲知道天地之间的奥妙后，更加敬畏天地，敬畏天地之间的建木，使用八卦也异常谨慎，不到万不得已决不轻易占卜。只有每逢人们遇到灾害、遭遇战争时，才会占卜预测。他的审慎为人们规避了许多风险。

伏羲上下于建木，沟通天地、沟通人神的故事，象征着人类对茫茫宇宙的好奇与探求。建木这棵巨树已经不仅仅是一棵树，还成了一个坐标，反映了古人上下求索、孜孜不倦的探索精神。

观山海

《山海经》中伏羲并不叫伏羲，而叫"大皞（hào）"。伏羲在史书里有20多个名字，他发明了渔网、火、文字、琴瑟等，因而被称为"三皇之首，百王之先"。关于"三皇"，不同史书中也有不同的说法：《尚书大传》中说是"燧（suì）

人、伏羲、神农",《风俗演义》中说是"伏羲、祝融、神农",《三字经》中说是"伏羲、神农、黄帝"……无论是哪种说法,都有伏羲,由此也可以看出伏羲在中华儿女心中的地位。

䔢草与瑶姬

炎帝有个女儿，名叫女尸。她从小聪明伶俐，善良温柔，深得炎帝喜爱。女尸喜欢花草树木，尤其对鲜花已经到了痴迷的程度。所以她的房间里总是摆放着各式各样的鲜花，头上也戴着自己编织的花环，大家都叫她"花仙子"。女尸喜欢这个名字，每当有人喊她花仙子时，她都开怀一笑，用笑靥如花来形容也不为过。

可是，女尸长到十五六岁，却突然得了一场怪病，连尝遍百草的炎帝神农也束手无策，回天乏术。在一个百花盛开的春天，久病未愈的女尸去世了，那年她才十六岁。很多人流下眼泪，为这样一个美好的女子惋惜。

女尸死后被炎帝埋葬在巫山之上，而她的

精魂飘到了姑瑶山上化作䔄（yáo）草。这种植物十分特别，它的叶子是一层层重叠生长的，花朵是清雅的黄色，散发出淡淡的香味。它的花期长，待花谢后会结出像菟丝一样的果实。

有一天，一群姑娘到姑瑶山上游玩。其中一个待字闺中的姑娘苦恼地说道："我已到及笄之年，可仍未有公子上门求亲。"另一个姑娘便来安慰她："你刚行及笄礼，不要着急。今日春光甚好，姑瑶山上的花草如此美丽，我们何不抛开这些俗世的烦恼，先好好享受这美丽的景色呢？"她们在山上奔跑、嬉戏，纵情玩耍。

突然，姑娘们闻到了一阵奇异的花香。她们循着那香味儿走去，看到了一片淡黄色的花丛，枝叶层层叠叠。那个待字闺中的姑娘问道："这是什么植物啊？竟有如此奇异的香气。"另一个姑娘解释道："好像是叫䔄草，据说是炎帝的女儿女尸的精魂化成的。"待字闺中的姑娘感叹道："这䔄草有如此神奇的来历，又能散发出这么奇异的香气，我们何不采摘一点回去做香囊呢？"姑娘们觉得这个提议很不错，于是纷纷上前采摘，不一会儿便采满了一竹篮。

她们将采回去的花瓣放进自己做好的香囊里，佩戴在身上。没过多久，那个苦恼自己待字闺中的姑娘便遇上了心仪的公子。人们听说这蓄草的奇异功能，便纷纷爬上姑瑶山去采摘。佩戴上蓄草香囊的姑娘魅力大增，都遇上了喜欢的公子。

后来，天帝听说了女尸的故事，痛惜她英年早逝，感念她帮助了人间的姑娘们，便封她做了巫山的神女，赐名"瑶姬"，掌管云雨。自从瑶姬掌管了云雨，她每天清晨便化作一片云，飘荡在巫山之上；黄昏，她便化作了一场蒙蒙细雨，落在山川河流之间。巫山地区的百姓在瑶姬的庇佑下，度过了一段风调雨顺的日子。

可是好景不长，有一年一场特大洪水席卷了整个世界。瑶姬的法力有限，没办法凭一己之力抵抗如此可怕的洪水，巫山地区也瞬间被洪水淹没。

天帝派鲧的儿子禹治理洪水。禹带着部下一路疏通河道，开凿山脉，走到了巫山附近，没想到却得罪了山上的一只蛤蟆精。每次禹带着部下好不容易挖开了一条河沟，转眼间蛤蟆精就施了个法术，用土把河沟填上了。

无奈之下，禹只得去求助瑶姬。瑶姬的法力虽然无法降服特大洪水，但协助禹制服一只小蛤蟆还是绰绰有余的。她来到巫山脚下，对着蛤蟆精念了一串口诀。本来猖狂的蛤蟆精瞬间蔫了下来。

禹趁着蛤蟆精无精打采之际，赶紧带着部下开凿河道。不一会儿，肆虐的洪水便顺着巫山脚下的河道缓缓向前流去。巫山地区的洪水渐渐平息。

洪水退去后，瑶姬依然站在高高的巫山之上朝云暮雨，为巫山之下的百姓带去风调雨顺的生活。过了很久很久，站立在山上的瑶姬渐渐与山峰融为一体，成为巫山的其中一座山峰。后来人们称这座山峰为"神女峰"。

观山海

《山海经·钟山经》曰："又东二百里，曰姑媱之山，帝女死焉。其名曰女尸，化为䔄草，其叶胥成，其华黄，其实如菟（tù）丘，服之媚于人。"对此，晋代郭璞对"媚于人"下的注解是"为人所爱也"，意思是得到人的喜爱。战国时期楚国的宋玉在《高唐赋》中描绘了楚襄王在梦中遇见巫山神女的故事。后世很多诗人借此用典，写下名篇。比如诗仙李白的《感兴八首》就有一首："瑶姬天帝女，精彩化朝云。宛转入宵梦，无心向楚君。锦衾抱秋月，绮席空兰芬。茫昧竟谁测？虚传宋玉文。"巫山神女后来也渐渐成为美丽的代表，爱情的象征。

古书上的巫山神女

图书在版编目（CIP）数据

精卫填海：《山海经》故事集 / 芙乐选编. -- 武汉：长江文艺出版社，2024.6
ISBN 978-7-5702-3639-8

Ⅰ.①精… Ⅱ.①芙… Ⅲ.①《山海经》—儿童读物 Ⅳ.①K928.626-49

中国国家版本馆 CIP 数据核字(2024)第 105555 号

精卫填海：《山海经》故事集
JINGWEI-TIANHAI : SHANHAI JING GUSHI JI

| 责任编辑：任诗盈 | 责任校对：毛季慧 |
| 封面设计：陈希璇 | 责任印制：邱 莉　胡丽平 |

出　版：长江出版传媒　长江文艺出版社
地　址：武汉市雄楚大街 268 号　　　邮编：430070
发　行：长江文艺出版社
http://www.cjlap.com
印　刷：武汉市籍缘印刷厂

开本：640 毫米×970 毫米	1/16	印张：7	插页：4 页
版次：2024 年 6 月第 1 版		2024 年 6 月第 1 次印刷	
字数：45 千字			

定价：24.00 元

版权所有，盗版必究（举报电话：027—87679308　87679310）
（图书出现印装问题，本社负责调换）